# ふる里おもちゃ箱

―懐かしき郷土の玩具を訪ねて―

全国郷土玩具館館長
畑野　栄三

オクターブ

# 目次

ふる里おもちゃ箱 産地地図 6
山名八幡宮の獅子頭（群馬県高崎市） 春季例祭4月15日 12
村松山虚空蔵堂 真弓馬と宝舟（茨城県東海村） 大祭4月3日 14
浜松の凧（静岡県浜松市） 浜松祭り 凧揚げ合戦5月3日〜5日 16
最正山覚林寺 清正公の鯉のぼり（東京都港区） 清正公大祭5月4日、5日 18
かなかんぶつ（山梨県甲府市） 端午の節句 20
横浜開港人形（神奈川県横浜市） 22
船渡〔亀戸〕張り子（埼玉県越谷市） 24
下総首人形（千葉県柏市） 26
ふくべ細工（栃木県宇都宮市） 28
箱根の晴雨人形（神奈川県箱根町） 30
駒込富士神社 麦藁蛇（東京都文京区） 山開き大祭6月30日〜7月1日 32
佐原張り子の鈴もちおかめ（千葉県香取市） 佐原の大祭7月中旬 34

おかんじゃけ（静岡県静岡市）洞慶院御開山忌7月19日、20日 36
大国魂神社 烏団扇・烏扇子（東京都府中市）すもも祭7月20日 38
小田原提灯と駕籠（神奈川県小田原市）小田原ちょうちん夏まつり7月下旬 40
八朔人形（栃木県佐野市） 42
沼田の天狗面（群馬県沼田市）沼田まつり8月3日〜5日 44
獅子舞と外道（埼玉県飯能市）例大祭8月26日、27日、飯能まつり11月4日、5日 46
塩山の鳩笛（山梨県甲州市） 48
五関の面「おかめ・ひょっとこ」（埼玉県さいたま市） 50
芝大神宮 千木箱（東京都港区）例大祭9月11日〜21日 52
那河湊張り子の虎と兎（茨城県ひたちなか市） 54
大山のこまと臼・杵（神奈川県伊勢原市） 56
すすきのみみずく（東京都豊島区）御会式大祭10月16日〜18日 58
川越まつりの山車と手古舞（埼玉県川越市）川越まつり10月中旬ごろ 60
えびす講のご縁起（静岡県静岡市）えびす講10月19日、20日 62
ひたち竹人形（茨城県日立市） 64

小湊誕生寺 願満の鯛（千葉県鴨川市）お会式11月12日 66
那須串人形（栃木県那須町） 68
帝釈天 弾き猿（東京都葛飾区） 70
秩父夜祭の屋台模型（埼玉県秩父市）秩父夜祭12月2日、3日 72
坊ノ谷土人形（静岡県菊川市） 74
氷川神社 おかめと福しゃもじ（埼玉県鳩ヶ谷市）おかめ市12月23日 76
宝珠の猪（東京都台東区） 78
高崎だるまと招き猫（群馬県高崎市）七草大祭だるま市1月6日、7日 80
待乳山聖天 貯金玉（東京都台東区）大根まつり1月7日 82
芝原人形（千葉県長南町） 84
亀戸天神社 鷽（東京都江東区）鷽替神事1月24日、25日 86
埼玉張り子の「吊し猪」（埼玉県さいたま市） 88
群馬の近代こけし（群馬県前橋市） 90
農人形（茨城県水戸市） 92
静岡姉さま（静岡県静岡市） 94

多摩だるまと深大寺土鈴（東京都調布市）深大寺だるま市3月3日、4日 96
春日部のひな人形（埼玉県春日部市） 98
野州姉さま人形（栃木県下野市） 100
万祝土鈴（千葉県四街道市） 102
虫切の鈴とおみゆきさん（山梨県甲府市）大神幸祭4月15日 104
あとがき 106

那須串人形
栃木
ふくべ細工
ひたち竹人形
野州姉さま人形
村松山虚空蔵堂 真弓馬と宝舟
農人形
那河湊張り子の虎と兎
茨城

# 茨城・栃木・群馬の産地

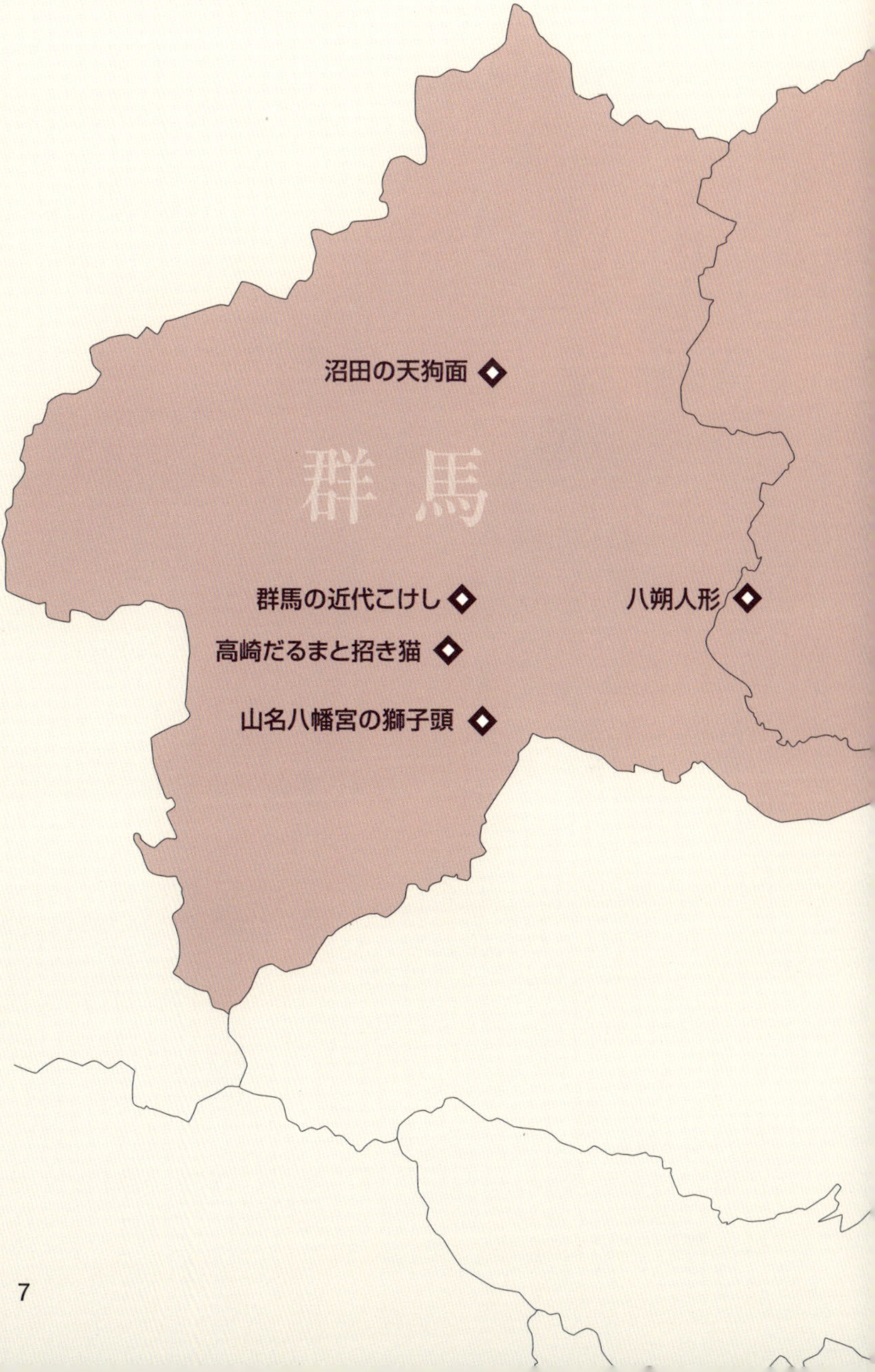
沼田の天狗面
群馬
群馬の近代こけし
八朔人形
高崎だるまと招き猫
山名八幡宮の獅子頭

川越まつりの山車と手古舞
埼玉張り子の「吊し猪」
獅子舞と外道
春日部のひな人形
埼玉
五関の面「おかめ・ひょっとこ」
佐原張り子の鈴もちおかめ
下総首人形
船渡〔亀戸〕張り子
氷川神社 おかめと福しゃもじ
万祝土鈴
東京都は、p.10-11参照
千葉
神奈川
横浜開港人形
芝原人形
湘南相模土鈴民芸館
（八朔人形）
小湊誕生寺 願満の鯛

# 埼玉・千葉・神奈川・山梨・静岡の産地

帝釈天 弾き猿
足立区
葛飾区
荒川区
台東区
待乳山聖天 貯金玉
宝珠の猪
墨田区
亀戸天神社 鷽
舟渡〔亀戸〕張り子
江戸川区
江東区

ふる里おもちゃ箱

# 東京都の産地

## 23区内/府中・調布

# 子供にかぶせ元気な成長願う

高崎にちょっと変わった獅子頭がある。

この地方のだるまはあまりにも有名だが、この変わり型の獅子頭はあまり知られていない。

変わり型とは、獅子頭を頭にかぶるように作られているからで、むしろ獅子舞などで見られる獅子の姿に近いかもしれない。

だるまと同じような張り子製で、頭部には鶏の羽根が束ねて飾られ、その下に大きな目と金歯が見える。口は他の獅子頭のように開かない。口の下、下部は頭が入るように大きく開いている。これらは当地のだるま造りの職人が片手間に作っている。

この獅子頭は、山名八幡宮の春秋の例祭に境内で売られる。これを幼い子供にかぶせ八幡宮にお参りすると子供が元気に成長し、カンの虫封じにご利益があると伝えられている。

八幡宮の伝承によると、この神社にまつられている品陀和気命《ほんだわけのみこと》（応神天皇）の幼き頃、母親の息長足命《おきながたらしのみこと》（神功皇后）が与えた唐獅子をおもちゃにして元気な子供に育ったという由来から、子供と獅子頭が結びついたようである。

なお、この八幡宮の本殿は１７６９（明和６）年に造営され、その時に一緒に作られたという空想の神獣（唐獅子をはじめ６種）が、建物の側面の棟木の下に見られる。華麗な彫り物で一見の価値がある。

## 山名八幡宮の獅子頭（群馬県高崎市）

◆山名八幡宮　春季例祭
４月 15 日、高崎市山名町 1581 の同八幡宮（上信電鉄上信線山名駅すぐ、☎ 027-346-1736）。神楽の奉納、太鼓の披露など。獅子頭 2000 円。

# 縁起物で大漁と豊作を願う

春休みに入ると、ここ村松山虚空蔵堂では、わが子に知恵や福を授かろうと十三参りの家族連れでにぎわう。堂そばの授与所には、縁起物の真弓馬＝写真左奥＝と宝舟＝写真右手前＝が並ぶ。

真弓馬は、20×15センぐらいの板を横長に立て、倒れないように下に台を付けた立絵馬。馬の形に切り込んだ板に、絵の具で頭部のたてがみ、背には鞍《くら》、そしてしっぽなどが象徴的に描かれている。

真弓と呼ばれる集落の人々が、堂の門前で売り始めたのがその名の由来と伝えられている。また、当時の良馬の生産地の名を付けたとの説もある。

一方の宝舟は、20センぐらいの木を舟型に削り、複枚の桁《けた》が両舷から突き出している。海が荒れたとき、これに重りを下げて舟を安定させた、昔の漁船をかたどったものだ。いずれも、農家の人々が農閑期に生活の足しに作り始めたものらしい。

この地方では十三参りの帰りにこれらを求めて神棚にまつり、子供の無事成長や豊作、大漁を祈願し、その後は子供の玩具とした風習が今に伝えられている。

初期の玩具絵集「うなゐの友」5巻（1911年）に、この真弓馬が描かれている。添え書きに「常陸国水戸在神明宮の競馬会毎年旧三月十三日虚空蔵の十三参当日この馬を売る――」とあり、かなり古くから売られていたようである。

## 村松山虚空蔵堂 真弓馬と宝舟（茨城県東海村）

◆ 村松山虚空蔵堂
茨城県那珂郡東海村村松 8 番地（東海駅から原研・晴嵐荘行きバス、虚空蔵尊入口下車徒歩 5 分ぐらい、☎ 029-282-2022）。
「十三参り」とは、数えで 13 歳になった男女が虚空蔵菩薩（ぼさつ）にお参りし、厄を払い、知恵と福徳を授かる行事。大祭の行われる 4 月 3 日前後に参拝する人が多い。真弓馬 2000 円、宝舟 2500 円。

# 町内の威信をかけた「ケンカ凧」

5月に入ると、静岡県の各地で凧《たこ》揚げが始まる。なかでも、毎年5月3日から5日に行われる浜松まつりのそれは、凧の大きさと数、絵模様の面白さ、そして、互いの糸を切り合う「ケンカ凧」の興奮で海道一との呼び声が高い。

この凧は町印《まちじるし》凧とも呼ばれる。城下町浜松市の各町内が、それぞれの町名を図案化した文字や、絵にして描いた四角の凧で、各町内のシンボルになっている。

この町印に加えて、子どもの名前と家紋が入るのが初凧。これは子どもの出生を祝う凧で、同じ町内の若者がお祝いに揚げるものだ。もともとは長男の誕生を祝うものだったが、現在は初めての子どもの名前を入れる。

どちらの凧もサイズが、2～10帖（1・5～3・6メートル四方）と決められている。凧の型は正方形で、竹が四角に骨組みされ中央が一本だけ長い。これは大空に舞った時、尾の代わりになり凧の安定をはかる役目を担うものだ。

端午の節句に子どもの誕生を祝う初凧の風習は江戸中期には大いに普及したという。明治に入ってから現在のように、凧絵に各町内の文字や絵が入るようになり、次第に凧も大型になっていったらしい。

今年（2006年）は170の町内が参加し、遠州灘の浜風を受けて大空を舞い、競う。

## 浜松の凧（静岡県浜松市）

◆浜松まつり　凧揚げ合戦
5月3日〜5日、前11時〜後3時（5日は11時半から）、浜松市の中田島砂丘（浜松駅からバスで20分ぐらい。まつりの間は臨時のシャトルバスあり。中田島砂丘凧揚げ会場行、市観光コンベンション課（☎053-457-2295）。
◆すみたや
浜松市東区上西町25-12（浜松駅からバス、10乗り場71、74、77、78上西町下車、☎053-464-4000）。945円から（写真はお土産用）。

# 戦国武将ゆかり 開運のお守り

「白金の清正公《せいしょうこう》さまの鯉《こい》のぼり」は、相変わらず江戸っ子の人気者である。

「清正公」とは、戦国の武将加藤清正であって、白金の最正山覚林寺の境内にまつられている。

この寺院を開創したのは可《か》観院《かんいん》日延《にちえん》上人で、朝鮮半島の王族だったが、文禄・慶長の役で清正にともなわれ来日した。清正と親交が深かったところから、本堂とは別棟に清正をまつる堂が建てられた。

5月4、5日は清正公大祭が開かれる。堂の縁側の授与所では「鯉のぼり」と「お勝守」（葉菖蒲《しょうぶ》の入ったお守り）の前に人垣ができる。

この鯉のぼりは、紙製の石版多色刷で、真鯉《まごい》（44センチ）、緋鯉《ひごい》（32センチ）に「開運出世祝鯉」と書かれた紙札が、先端に蛇の目の紋がついた細長い竹につり下げられている。

鯉のぼりとしては特別な形のものではないが、開運守として社寺から授与されるのは全国広しといえどもこの寺だけだろう。

この鯉のぼりには、かなり古い記録もある。1930（昭和5）年刊「日本郷土玩具東の部」（武井武雄著）の「白金覚林寺の幟蝶《のぼりちょう》」の見出しで、「雑司ケ谷（鬼子母神）同功の紙蝶に蛇の目紋を描き、更に幟吹流しをつけ――」と記されている。幟とはもちろん鯉のぼりのことで、この本が出版された経緯から推察して、大正時代には既にあったのではないかと思われる。

## 最正山覚林寺 清正公の鯉のぼり（東京都港区）

◆清正公大祭

5月4日、5日、開9時〜閉9時、東京都港区白金台1丁目1-47の覚林寺（白金高輪駅から徒歩5分。東京駅南口から等々力行の都バス、清正公前下車すぐ、☎03-3441-9379）。両日の11時、子供の発育成就祈祷（きとう）。5日2時、法楽加持。鯉のぼり1体1500円。

# 端午の節句祝う独特の武者姿

かつて、甲州では端午の節句になると「かなかんぶつ」を飾る風習があった。親類や知人に男の子が生まれると無事成長を願って贈り、その家の隆盛を示すものとしてその数を競い合ったという。

かなかんぶつとは聞き慣れない名称であるが、この地方の独特の武者人形である。語源については金属で作られた鎧甲《よろいかぶと》なので「かねかぶと」、または「かなかぶと」が転化した。また、土地の人たちの間では「おかぶとさん」とも呼び、諸説があるが明確な結論は出ていないようである。

民俗学者の山中共古《きょうこ》が1886（明治19）年の冬、甲府へ移り住み見聞きしたことを記した「甲斐の落葉」（東京人類学雑誌）の中で、「カンナブツと称する兜人形《かぶと》は他国に見ざるものにて、張ぬきの面を細き板の棒の先へつけ、厚紙にて鎧の袖の如きものを一枚前へ下げ、高さ三四尺、面の大小により長さもたがへども、普通のは四尺程のものなり——」とあり、続いて「端午の前には此等《これら》を売る際物《きわ》見世多く柳町辺に出づ」と書いているように、かつては季節になると甲府の町で売られていたようだ。

江戸中期、柳沢甲斐守が当地の国守りとなり、端午の節句には代々伝わる鎧甲を玄関に飾り、家中を挙げて御曹司の出世を祝った。城下の庶民がこれに習って、紙や木で鎧甲を作り飾ったのが始まりといわれている。江戸後期から明治にかけての最盛期には武田信玄をはじめ、楠正成、源義経や歌舞伎の英雄など、数十種があったという。

戦後になって、いったん廃れたが、現在では佐藤君三さん、久子さん夫妻が武田信玄、勝頼、天狗《てんぐ》の3種を復元している。

## かなかんぶつ（山梨県甲府市）

◆佐藤製作所
甲府市住吉1丁目11-4（南甲府駅、☎055-235-2697）。1500円から。要事前問い合わせ・注文。
◆山梨県地場産業センター かいてらす（販売共同組合）
甲府市東光寺3丁目13-25、開9時～閉5時（甲府駅から車で15分、☎055-237-1643）。1575円から。第4火休み。

# 開港当時の風俗映す人形たち

　港町横浜だけに異色の人形がある。赤隊と呼ばれたイギリスの兵隊＝写真中列右から2つ目＝、すそが大きくふくらんだスカート姿の外国人女性＝写真前列右から2つ目＝、茶っぱ隊と呼ばれた警吏＝写真前列左から3つ目＝など、開港当時の風俗を映す「横浜開港人形」は全12体の土人形で、他ではあまり見られない人形群である。当時大流行した、野球拳の元祖ともされる横浜拳に興じる芸者と中国人の人形＝写真前列左から2つ目と後列左から3つ目＝もある。いずれも高さ10センチほど、飾り棚に並べるには格好の大きさだ。

　1927（昭和2）年に野沢屋呉服店（現在の横浜松坂屋）の本館落成記念に開催された「横浜時代風俗展覧会」に合わせて発売されたのが始まりである。地元の郷土玩具研究家の加山道之助らの肝いりで、デザインは牛田鶏村画伯、制作は人形師村沢春吉があたった。

　当時は海外に輸出されるほどだったが、太平洋戦争の激化で中断、いつの間にか忘れ去られてしまった。

　そして戦後、1955（昭和30）年ごろに村沢が復活させる。後に各地で郷土玩具ブームが起こり、次第に注目されたが、村沢が1971（昭和46）年に他界する。以後、村沢の弟子、湯沢利夫や村沢家の人たちによって制作は継がれるが、現在は市の社会福祉施設・清明の里でわずかながらに継承されているにすぎない。

## 横浜開港人形（神奈川県横浜市）

◆赤レンガ「デポ」
横浜市中区新港1-1-1の横浜赤レンガ倉庫1号館1階、開11時～閉8時（馬車道駅から徒歩約6分、☎045-650-8208）。1体1260円。12種類（2007年現在）。後列一番左と左から2つ目2人組になっているものは、現在は制作されていない。

# 奇抜で珍しい張り子人形

江戸名所の一つ、亀戸天神社では、今年も藤の花が見事に咲いていた。浮世絵師・広重の「名所江戸百景」にも描かれた花である。

江戸っ子は、藤の花見の土産には、名物・亀戸張り子「藤娘」、としゃれこんだのだろうか。今も大鳥居そばの天満屋で、この張り子の人形が売られている。

この人形、江戸の昔から亀戸で売られているので亀戸張り子と親しまれてきたが、現在は埼玉県越谷市の船渡で作られているので、船渡張り子と呼ぶのが本来の名称である。

ここには「吊《つる》し物」といわれているユニークな人形がある。小型（高さ約17チセン）のものでは、先の藤娘＝写真左上＝もその一つ。日本舞踊の藤娘を思わせる藤の花を持った和服姿の女性で、他に、すぼめた和傘の取っ手が一本足になり前から首が、両横から腕を出している一本足傘＝写真左下＝などがある。また、ふんどしにたすきがけ、顔は蛸で頭に三《さん》番叟《ばそう》の被り物をした怪奇な生き物、蛸三番《たこさんば》＝写真右＝といった大型（同約40～50チセン）の人形もある。

人形の頭部に糸がつけられていることから、「吊し物」と呼ばれているようで、全国各地で張り子の人形は数々あるが、船渡張り子のように糸で吊り下げられた人形は珍しい。

船渡ではこれらの張り子人形の他に、大型の和藤内、弁慶、天神など20種ほどある。この地方では昔から農閑期に張り子を作る家が多く、ほとんどがだるま作りで3代、4代と継がれているが、人形作りは松崎家のみで現当主の久男さんが6代目を継承している。

## 船渡〔亀戸〕張り子（埼玉県越谷市）

◆天満屋

東京都江東区亀戸3丁目3-6（亀戸駅から徒歩10分ぐらい、☎03-3681-0581）。[前]10時～[後]6時。トラ、紅白だるま＝1000円、藤娘、一本足傘、座天神＝2500円、子守、仲人樽（たる）背負い＝3500円など。[木]休み。

# 人形で描いた西遊記

千葉・柏に大変個性的な郷土玩具がある。その名を下総玩具といい、作者は故松本節太郎さんである。

自分が作る物は郷土玩具ではなく、「時季に合わせた際物《きわもの》だ」と仰《おっしゃ》っていたが、なかなかどうして立派な郷土玩具であった。享年101歳。残念ながら1年半ほど前に亡くなった。後継者がなく惜しまれながら下総玩具は、松本さんの一代で廃絶した。しかし、その作品の大部分は、松本さんが生前に親交のあった、同市内のギャラリーヌーベルに展示されており、現在（2006年）も目にすることができる。

松本さんの初期の作品に下総首人形がある。中でも最高の傑作と思われるのが「西遊記」。一番上に見えるのが恐らく釈迦如来で、おなじみの孫悟空、三蔵法師、猪八戒、沙悟浄の下には、奇々怪々の妖怪たちで、全50種（首）。わらの先に付けられたそれぞれの首人形が、全長80チセンほどのわら束に刺し込まれ、背景には不死鳥らしき鳥に竜、中国の城が描かれている。

この首人形は、粘土を物語のイメージに合わせて手びねりで形成し、素焼きに胡粉《ごふん》をかけ彩色した小さな作品（縦横3〜5チセン）である。その創造力と製作に要した時間を考えると驚くべきものである。しかも、一つの物語でこれだけの首人形をそろえた作品は他に類例がないに違いない。

他にも町娘、おいらんなどの土人形や、唐子象、招き猫といった種々の面などの張り子がある。いずれも個性豊かな作品群である。

## 下総首人形（千葉県柏市）

◆ギャラリーヌーベル
千葉県柏市旭町4丁目7-1（柏駅南口から徒歩10分、☎04-7146-6800）。開10時〜閉7時。松本さんの作品約700点を展示（一部販売）。首人形小7140円から。起き上がり張り子人形（小）1995円から。泥面1050円から。首振りなども購入可。入場無料。水休み。

# 伝説から生まれた「魔よけ面」

全国各地で語り継がれる怪奇な伝説。このふくべ細工の面もその一つで、下野伝説・百目鬼《どうめき》を地元特産の「瓢《ふくべ》」を利用して魔よけ面に仕立てたものである。ふくべとは、おなじみ夕顔の変種にあたり、この果肉から作るのが干瓢《かんぴょう》、外皮を乾燥させたものから製作した、炭入れや盆、花器などがふくべ細工である。

この面は外皮の円形を生かしつつ、面の形に切り取り、湾曲面に百目鬼の顔を描いたものである。

百目というからには、たくさんの目があるのかと思いきや、目は大きく二つのみ。その下には奇妙な鼻、緑の眉とひげ、顔の半分をしめる大きな口に牙が見える。実に怪奇な表情だが、よく見ると愛敬があり、天然素材ゆえに、一つとして同じ物がないのも面白い。

百目鬼伝説とはこんな話。田川の辺り（宇都宮市）でのこと。鬼退治で評判の藤原秀郷は、突然現れた老人の言われるまま馬捨て場へ。そして丑三《うしみ》つ時、現れたのは百の目を持つ大鬼で、死馬を食らい始めた。秀郷、即座に放った矢は大鬼の胸に当たり、悲鳴を上げて逃げる。郎党、追って討ち取ろうとするが、火を吹き近づけない。そこへやってきたのが智徳上人。呪文を唱え大鬼を成仏させる。上人の教えに従って大鬼の死体をその地に葬った。以来その場所を百目鬼と呼ぶようになった――。

この面＝写真＝は、宇都宮駅近くで土産物屋「ふくべ洞」を営む、小川昌信さんによるもの。父の庄一さんの跡を継いだ昌信さんが、戦後、この地方に伝わる伝説から考案した。魔物である百目鬼を逆用して、魔よけとしたのだろう。

## ふくべ細工（栃木県宇都宮市）

◆ふくべ洞
宇都宮市大通り 2 丁目 4–8（宇都宮駅から徒歩 10 分弱、☎ 028–634–7583）。開 9 時～閉 7 時。ふくべ細工 1260～4500 円。絵付け体験は 1260 円（要予約）。正月の縁起物で、張り子の黄鮒（きぶな）1575 円などもある。日休み。

# 湿度の変化が人形に動き

うっとうしい梅雨空が続くと青空が待ち遠しい。そんな気持ちを少しでもなぐさめてくれるのが、晴雨と書いて「てりふり」と読ませる、箱根の晴雨人《てりふり》形である。どうしたことか、郷土玩具関係の書物ではほとんど見当たらない。

わら屋根の家、中央に柱が立ち、それをはさんで男女の人形が見える。立て札には「はれ女　あめ男」とある。その言葉通り、晴天時は、女が前に、それに連れて一対になった男が奥へ引っ込む。反対に雨が降れば、今度は女が奥へ、男が前に出てくるという仕掛けになっている。単純にみえて実に不思議な玩具である。

これは、天気が崩れる時、その少し前に湿度が高くなるという現象を利用している。湿度に敏感な繊維が、湿度が上がれば伸び、乾燥すると縮むというそのわずかな変化を、人形の動きに変えているという。ただ、動きは非常にゆっくりで、例えば、外の雨に気づいてふと人形を見てみれば、男の人形が前に出ていた、という感じだ。

この晴雨人形、箱根の湯本と強羅、宮ノ下などの土産店で売られており、ほかには水車小屋や合掌造りなどがある。

## 箱根の晴雨人形（神奈川県箱根町）

◆ SK工房（晴雨人形の制作・販売）
横浜市西区浅間町2丁目106−1−712（☎045−312−4548）。電話で取り寄せ可。全5種類。2,400〜7,000円
◆箱根付近の土産物屋
湯元駅前：吉田屋☎0460−85−5640、たてうら☎0460−85−5620
強羅駅前：角田屋☎0460−82−2476、小川商店☎0460−82−3212
宮ノ下：こばやし☎0460−82−2053

# 疫病はらう富士の「守り蛇」

東京・駒込の富士神社では毎年6月30日～7月1日、山開き大祭が行われる。富士山の山開きに併せたもので、このとき授与されるのが縁起物の「麦藁《むぎわら》蛇《へび》」＝写真右＝である。

片仮名の「レ」の字に似た形の15㌢ぐらいの杉の枝に、麦藁で編んだ蛇が巻き付いている。ひし形に見えるのが口で、真ん中から出ているのは赤く染めた経木の舌。頭部につながって長い胴が木にくるくると巻きついている。蛇だからしっぽの先まではかなりの長さになる。一つ一つ手作りだけに大変な苦労がしのばれるお守りである。

この麦藁蛇の授与の始まりは「守貞謾稿」によると、「宝永（1704～11）のころ疫病が流行し多くの人が患った。駒込の農夫喜八が麦藁製の蛇を富士神社辺りの市で売ったところ、疫病の患いから逃れたのでこれを毎年売る」とその由来が記されている。疫病や水あたり除けのお守りとされてきた縁起物である。

浅草にも麦藁蛇＝写真左＝が伝わっている。こちらは浅草の植木市で知られる浅間神社で、その植木市と正月に授与されている。昭和初期に絶えてしまったが、7年前に当時と同じ形で復活させたという。駒込のそれとは別物で、一見、蛇には見えないが、手が込んでいる。

富士土産舌はあったりなかったり――。こんな川柳が残っている。人込みで、いつのまにか蛇の赤い舌を落としてしまっている人があちらこちらに……。参拝者でにぎわう様子が目に浮かぶようだ。

## 駒込富士神社 麦藁蛇（東京都文京区）

◆山開き大祭
6月30日〜7月2日、東京都文京区本駒込5丁目7–2の駒込富士神社（駒込駅から徒歩10分。都バス秋葉原行、駒込富士前下車2〜3分、☎03–3823–7894お祭りの前後のみ）。麦藁蛇大2000円、小1000円。期間中以外の問い合わせは、天祖神社（☎03–3821–3470）へ。

# 神話の女神 おかめの張り子

7月14日から3日間（2006年）、千葉・香取市で佐原の大祭夏祭りが始まる。身の丈4～5メートルもの、神話や歴史上の人物を題材とした大人形を飾った山車が、にぎやかな佐原囃子《ばやし》にのって町中を曳《ひ》き廻《まわ》される。

そのうちの一台に、天照大神の岩戸隠れで踊った日本神話で知られる芸能の女神、天鈿女命《アメノウズメ》の人形がある。この人形をモデルにした佐原張り子の人形があり、名を「鈴もちおかめ」という。「おかめ」は「おたふく」ともいうが、そんな福の神的な気持ちが込められているのであろう。

この張り子人形、高さ20センチぐらいで、可愛い顔の頭に金の冠を被り、白い着物に赤い袴《はかま》を着て、右手に神楽鈴、左手に御幣を持った巫女《みこ》姿。

制作者は同市「三浦屋」の鎌田芳朗さんで、それほど古い作品ではない。20年ほど前から作り始めたとのことである。この他、娘船頭、馬っこ花嫁、招き猫など素朴でユニークな作品が60ほどある。

佐原張り子の創始は祖父の清太郎で、明治末か大正初期ごろだが、明確な資料はない。清太郎が三浦屋を開業したのが1918年で、このころには、際物《きわもの》と一緒に張り子も作って売っていたのではないか。

当初から作っている作品の中で今も変わらず評判なのは、亀車、カニ車で、盃《さかずき》をくわえた亀の甲羅の中央から出ている糸を引き、それを放すと亀が動き出す。カニ車も同様にカニが横ではなく前に歩き出す。面白い玩具である。

三浦屋では、1999年の年賀郵便切手の図案に「もちつきうさぎ」が採用された。この年は夜もろくに寝られないほど注文が殺到したそうである。

## 佐原張り子の鈴もちおかめ（千葉県香取市）

**◆三浦屋**

香取市佐原イ1978（佐原駅から徒歩15分、☎0478-54-2039）。[前]9時～[後]6時。鈴もちおかめ3000円、おふくさん800～2500円。不定休

**◆佐原の大祭　夏祭り**

7月9日～18日までの連結した金・土・日曜日、[前]10時～[後]10時、八坂神社周辺（佐原駅、香取市役所商工観光課、☎0478-54-1111）。

# きれいに結って姉さま遊び

野も山も青葉若葉の美しい季節となってきた。5月に土から顔を出した真竹《まだけ》の芽も、この頃になると大人の背丈ほどに成長し、竹の皮を脱ぎ出す時期である。

その若竹を二節ともう一節手前で切り取り、小川の側などで石を台にして二筋から先の部分を石で丁寧にたたきつぶす。かすは川の水で洗い落としながら何度もたたいている間に、竹の繊維だけが残り白い毛のようになる。これを米のとぎ汁で一晩さらして乾かしたものが「おかんじゃけ」である。この白い毛の部分を赤、黄、紫などの色で染め分け、子供たちは玩具にして遊んだ。

女の子は髪に見立て、島田や桃割れなどのまげに結い上げ姉《あね》さま遊びに、男の子は陣取り合戦の采配や相撲の軍配などにして遊んだ。この地方にしか見られない玩具であった。

このおかんじゃけ、現在では静岡市の近郊、洞慶院の開山忌（7月19日、20日）に院内でわずかに売られている。お参りに来た人たちは「おとうけんさんの縁日でおかんじゃけを買えば夏病気をしない」と、一種の魔よけや招福の縁起物として買って帰る。

もとは縁日に付近の農家の人たちが売り始めたのが始まりといわれている。かなり古くから静岡県内の各地に限り作られていたようだ。「旅と伝説」第6年12月号（1933年刊）「郷土玩具オカンジャケ異名集」によると、静岡・清水ではオカンジャケと呼んでいるが、オタタキ、サイハラサン、サイハラタタキなど50近い方言が残されているという。

## おかんじゃけ（静岡県静岡市）

◆洞慶院御開山忌
7月19日、20日、静岡市葵区羽鳥1840の洞慶院（静岡駅北口、藁科線[5]乗り場からバス、羽鳥下車徒歩25分、タクシーで2500円ぐらい、☎054-278-9724)。[前]9時、[後]1時、3時、家内安全、商売繁盛などのご祈祷（きとう)。おかんじゃけ小1500円、大3000円（19日の午前中が入手しやすい)。

# あおげば豊穣、病気も退散

国の天然記念物のケヤキ並木を行くと、その先には木々に埋もれるようにたたずむ大国魂《おおくにたま》神社がある。

例年7月20日には、今や夏の風物詩ともなった「すもも祭」に、多くの参拝者が訪れる。露店で思い思いにスモモの品定めをしながら手にしている黒い団扇《うちわ》、これは「からす団扇」＝写真中央＝という、この祭りに限り頒布される護符である。

サイズはごく普通で、竹の骨に張られた黒い紙に羽を広げたカラスが白い絵の具で浮き出ている。裏面には鳥居に「六所宮」の文字＝写真右。六所とは、武蔵の国の国府があった頃、国内の六神社をここに集め合祀《ごうし》したためだ。他にカラスを描いた扇子《せんす》＝写真左＝もある。

五穀豊穣《ほうじょう》、悪疫防除の御利益があると言われている縁起物で、今から約1200年前に書かれた「古語拾遺」にもその名をみることができる。概要はこうだ。

神代の昔、田を作る人が御歳神の怒りにふれたため、イナゴが多数発生し田を食い荒らされた。そのため白い猪《いのしし》、馬、鶏を献じ許し請うた。御歳神の怒りは治まり田はもと通り茂り豊穣し、それと共に害虫を防ぐ方法に「烏扇《からす》を以《もっ》て之を扇《あお》げ」と教えられたのが烏団扇の起源とされる。また病人のある時はこれであおげば諸病も直ちに平癒すとして伝えられた。

この風習はいつごろから始まったのかは不明だが、「日本土俗玩具」第4輯《しゅう》によると、この本は1924年刊であり、そのころには既に盛んに売られていたようである。

## 大国魂神社 烏団扇・烏扇子（東京都府中市）

◆すもも祭

7月20日、前6時〜後9時ごろ、東京都府中市宮町3丁目の大国魂神社（府中駅から徒歩5分、☎042-362-2130、http://www.ookunitamajinja.or.jp）。烏団扇500円、烏扇子（小）1000円、（大）1500円（2007年現在）。頒布は前6時から。

# 難所をしのぶ旅の必需品

かつては東海道一の難所と言われた箱根の峠越え。当時をしのぶ小さな駕籠《かご》が作られていた。

細い丸竹を四つに組み、その上に竹の皮で編んだ座席、上部にそれを担ぐ轅《ながえ》（25チセン）と竹を編んだ細長い日よけがつく。

1926年刊の「日本土俗玩具集」第4輯《しゅう》に「箱根山路を越ゆるに用ひし山籠《かご》を摸せし玩具なり」とあり、当時は盛んに作られていたのだろう。その後、廃絶と復活を繰り返しながら、形を多少変えてきた。昭和の終わりごろ、宮城野竹友会（箱根町）の人たちにより作られたのが最後だが、今後の復活に期待したい。

もう一つの小田原提灯《ちょうちん》も、かつては箱根の旅人にとっては必需品だった。享保年間（1716～36）、この地の甚左衛門という人の考案によるものである。

全体は円筒型で上蓋《ぶた》から下の台の間に竹ひご、その上に和紙が張られている。伸び縮みするため、不必要な時は上下をたたみ込み腰に下げたり、懐に入れたりできるので、旅人は大変重宝した。

この提灯をそっくりミニチュア化した。全長が13チセンぐらいの大きさである。

作者は小田原で提灯屋4代目を継ぐ山崎勇さんで、名物の提灯の灯が消えないようにと今も作り続けている。

今年（2006年）も7月29日、30日、小田原では提灯祭りが華やかに繰り広げられ、この提灯も人気を呼ぶことと思う。

## 小田原提灯と駕籠（神奈川県小田原市）

◆山崎提灯店

小田原市飯田岡610（飯田岡駅から徒歩5分、☎0465-34-6471）。開8時半～閉6時。ミニ提灯1000円（写真右）。小田原提灯5000円から。注文を受けてから制作するので、電話で問い合わせを。5日～1週間で完成。日休み。

◆“あかりの祭典”小田原ちょうちん夏祭り

7月下旬、小田原城址公園とその周辺（小田原駅から徒歩10分、小田原市観光協会、☎0465-22-5002）。

# 八朔の行事　伝える土人形

八朔《はっさく》とは陰暦の8月1日の称で、かつては様々な行事が行われていた。

ちょうどこのころの農家では夏の仕事が一段落し、秋の収穫を念ずる時季。この日を田の実（タノミ）、田の面（タノモ）などといって、豊作祈願や収穫予祝《よしゅく》などの儀礼を行っていた。

また、ハッサクを初作と解し、初穂の米や赤飯を食べたり、餅をついてぼた餅にして食べたりして祝った。他にも、ひな人形の贈答や、米の粉やわらを使った人形作り、紙人形をタノモ船に乗せて流すなど、全国で種々の行事が行われてきた。最近ではかなり廃れてはいるが、かつては盆や正月に続く重要な民俗行事の日であった。

栃木県の佐野地方では、明治の初期ごろまで、練り物製の八朔人形を初子に贈る風習があった。男の子には「きっこ馬」といって、赤い馬にまたがった武士、女の子には「京女郎」で、赤い着物に日本髪の立ち姿の人形だった。

練り物とは、材木から出る切りくずをのりで練って作るものだが、この地に生まれた土鈴作者の相沢市太郎さんが戦後、お得意の土鈴作りの技術を生かし、その練り物製を土人形に作りかえて制作を始めた。昨年（２００５年）２月、惜しくも亡くなる。享年１０２歳だった。

## 八朔人形（栃木県佐野市）

◆湘南相模土鈴民芸館
神奈川県藤沢市白旗4丁目2-8（善行駅から徒歩10分、☎0466-81-7491）。市太郎さんの長男・伊寛（ただひろ）さん経営の同館で、新しく型をおこして制作・販売を行っている（要事前問い合わせ）。馬乗り大将8500円（写真右）。京女郎6000円（写真左）。不定休。

# 長い鼻、鋭い目つきの願掛け面

各地の夏祭りは趣向をこらしたものが多い。8月3日から始まる沼田まつり（5日まで）の華、天狗《てんぐ》みこしもその一つである。

面の長さが約4・3メートルで、鼻の高さは約2・9メートルもある天狗の面をみこしにして、諸願成就を願い女性ばかりで担ぎ上げる。町中を練り歩くその姿は、この祭りの最大の呼びものだ。

これとは別に、迦葉山《かしょうざん》弥勒寺の中峰堂に二つの大型面がまつられている。その前を、あふれんばかりの小型の天狗面がうずめ尽くしている。この天狗面は、開創当時の住職とゆかりがあるそうで、その住職が山で亡くなり、その跡に天狗面が残されていた、という。

今回はこの小型の天狗面である。小型といっても垂れ下がったひげを含めると、1メートルを超えるものから、15センチぐらいのものまでと大きさは様々。寺の説明によれば、願いごとのある人はここに奉納されている小型の面を一つ借り受け、朝夕手を合わせ祈願すれば何事もかなうという。後はお礼参りとして、借りた面ともう一つ新しい面をそろえてお参りすればよいとのこと。このような祈願の面なので、玩具というには恐れ多いが、張り子の天狗面といえば、幼い頃より慣れ親しんできたもので「玩具」に入れてしまってもよいのではないか。

現在の作者は3人。それぞれ描き方が多少違うが、いずれも赤い顔に長い鼻、頭巾《ずきん》を被り、金地に黒い鋭い目、眉毛とひげにはふさふさとした麻草を使う。威厳のある表情の面である。

## 沼田の天狗面（群馬県沼田市）

◆沼田まつり

8月3日から5日までの[後]1時半～10時、沼田市市役所前ひろばがお祭の中心。市街地の歩行者天国を神輿（みこし）・山車（だし）が通る（沼田駅から徒歩15分）。祇園囃子（ばやし）の競演会など。天狗面は土産物店などで購入可。600円～1万5千円前後。☎沼田商工会議所（0278–23–1137）沼田市役所（0278–23–2111）。

# 祭りの人気者を人形に

埼玉・飯能には祭りの人気者をかたどった二つの木彫りの人形がある。

一つは、飯能市の下名栗諏訪神社の例大祭（2006年は8月26、27日）などで披露される、獅子の舞い姿を木彫りにした人形＝写真右＝である。頭部は獅子頭、上半身は青の幕を被り、腰に小さな鼓をつけ、下はももひき姿で、両腕を大きく広げ手にはバチを握っている。

もう一つは外道の人形＝写真左。飯能まつり（2006年は11月4、5日）では、市内の各所で屋台囃子《ばやし》の競演が始まる。見せ場の一つが、にぎやかなお囃子に合わせて種々の面を被った付け踊りで、全10台の中で一番古い山車で踊る人気者の外道の姿が基になった人形である。

頭には頭巾《ずきん》のような被り物、横長の顔には大きな目と口、口の端には牙が見える。袖のないはんてんをまとい、ふんどし一丁、御幣を手に両手を大きく開く。

いずれも、同市・銀座通りの美楽堂（画材商）の主、故大河原真雄《まさお》さんが発案者で、その職業柄ゆえに、形や彩色が素晴らしい人形である。今は妻の宰《すず》代《よ》さんがその彩色を受け継いでいる。

真雄さんから聞いた話によると、外道とは宗教的に外れた行動をとる人で、人に災厄をもたらす悪魔と恐れられている。がその半面、臆面《おくめん》もなく振る舞うので、人々から軽蔑《けいべつ》されつつも憎めない存在だった。そうした気持ちが込められているとのことだった。たしかにどこか愛敬が感じられる。

## 獅子舞と外道（埼玉県飯能市）

◆美楽堂
埼玉県飯能市仲町 6-7（飯能駅から徒歩 6、7 分、☎ 042-972-3725）。囲 10 時～閉 7 時。額縁、画材の専門店。獅子舞、外道、いずれも 2000 円。そのほか、羅漢像（2000 円）、将軍標（小 1000 円、中 1500 円）ごんべい鳴子（1000 円）も販売中。月休み。
◆下名栗諏訪神社の獅子舞
8 月 25 日前後（飯能市観光協会名栗支部、☎ 042−979−1515）。
◆飯能祭り
11 月第 1 週の土、日（飯能市役所商工観光課内 飯能祭り協賛会、☎ 042−973−2111）。

# 古雅の趣 復元された鳩笛

ひと昔前までは、観光地や社寺の参道の土産屋をのぞくと、土焼きの鳩笛《はとぶえ》をよく見かけた。当時は鳩笛だけを収集するマニアもいたくらい人気があったが、近頃は目にする機会が非常に少なくなった。

そんな中で今も作られているのが、山梨・塩山の鳩笛で、大（全長12チセン）、小（同9チセン）の二種。楽焼風な茶褐色の地に、背の両側には暗緑色の羽根、その上に白梅の花が描かれ、古雅の趣のある笛に仕上げられている。

「塩山の」とあるのは、もとは塩山（甲州市）の恵林寺近くで作られていたためで、恵林寺といえば、武田信玄の菩提寺《ぼだい》としても有名だ。こんな伝説がある。

天保元（1830）年ころ、江戸八丁堀で鳩の定助という鳩笛作りのうまい職人がいた。この職人が安政元（1854）年ころ、甲斐国松里村三日市場（現・甲州市塩山）に移り、恵林寺山門近くで、茶碗、急須などを作っていた。実用本位で、見た目は重視しなかったため、その姿形から「ぶこつ焼」と呼ばれた。その傍らで、得意の鳩笛を作って一緒に売っていたという。

一方で、鳩の定助は甲斐国山梨郡岩手村の出身の人とする説もある。真嶋幸右衛門、またの名を人形屋幸右衛門と呼ばれたそうだ。

この鳩笛、明治の終わりごろ廃絶したと伝えられていた。しかし戦後、甲府で郷土玩具の民芸店を営む佐藤君三さんが、わずかに残された資料をもとに復元した。

## 塩山の鳩笛（山梨県甲州市）

◆甘草屋敷売店
甲州市塩山上於曽 165（塩山駅裏、☎ 0553-33-5917）。[前]9時〜[後]4時半。小 1200円、大 2000円。[火]休み
◆山梨県地場産業センター かいてらす（販売共同組合）
甲府市東光寺3丁目13-25（甲府駅から車で5分、☎ 055-237-1643）。[前]9時〜[後]5時。小 1260円、大 2100円。第4[火]休み。

# 思わず笑みがこぼれる張り子面

祭りを盛り上げる「おかめ」や「ひょっとこ」は祭りの人気者だ。

おかめ＝写真左＝は、お多福ともいい、額とほおが大きくふくらみ、低い鼻に小さな口の持ち主の女性。

一方のひょっとこ＝写真右＝は、火男が転じたものといわれ、口をつき出して火を吹いている。煙いのか片方の目をつぶり（目を開いているのもある）、思わず笑いたくなる表情だ。でもこの両者、なんとなく愛敬があり、不思議と人を引きつける魅力のある顔である。

埼玉県は関東でも張り子作者の多い県で、ほとんどがおかめ、ひょっとこの面を作っている。その代表的な作者の一人が、この五関張り子の山崎楽山さん。

五関では二つの面のそれぞれ少しずつ表情が違い、各5種類ある。他にえびす・大黒をはじめ、天狗《てんぐ》、武者、桃太郎、狐《きつね》、狸《たぬき》、猿など30種ほどある。また、面だけでなく、首振り式の人形なども作られている。

ここの張り子はかなり歴史がある。創始は蓮見万治郎（1836〜1920）で、下級武士の内職であった張り子に目をつけたと伝えられる。4代目の豊七さんの時、後継者がなく廃絶かと心配されていた。ところが豊七さんが知り合いの山崎さんに話したところ、勧めに応じ技術を学び、数年前から5代目を継ぐことになった。

## 五関の面「おかめ・ひょっとこ」（埼玉県さいたま市）

◆ギャラリー喫茶「A So Viva（アソビバ）」
さいたま市中央区本町西3丁目1–12（与野本町駅から徒歩15分、☎ 048–706–2356）。営10時～終6時。注文販売。おかめ、ひょっとこ、翁（おきな）などの面、2000円から。土隔週と日休み。

# 女性にうれしい縁起物

東京には江戸時代から続く伝統の祭りがいくつかある。

江戸っ子の産土神《うぶすながみ》として親しまれてきた芝大神宮の例大祭もその一つ。「だらだら祭り」(9月11日〜21日)と呼ばれるこの祭りは11日間も続くのでこの名がある。

この祭りの期間中、神社から授与される甘酒、生姜《しょうが》のほかに、千木箱《ちぎばこ》(全長11㌢)=写真右=の縁起物がある。経木を小判型の曲げ物に加工し、もう一枚平らな経木をふたにする。その側面やふたには緑、紫、白の泥絵の具で簡単に藤の花が描かれている。その器を三つ重ねにしてわらで縛ってある。

手に持って振るとカラカラと音がする。音の正体は2、3粒入っている煎《い》り豆で、雷が鳴ったときに、この豆を取り出して食べると、雷よけのまじないになるといわれている。また、千木箱の「千木(チギ)」は「千着(チギ)」に通ずると、そんな江戸っ子の洒落《しゃれ》から、女性はたんすの中にこれを入れておけば自然に着物が増えるとされた。こうした考えから発展したのか、現在では女性の良縁を結ぶ縁起物として珍重されている。

「箱の絵に藤の花を描く並絵物の他に五蓋の松を描いた大絵や牡丹を描いた上絵などがあり」(郷土玩具辞典)とあるように、かつては立派な千木箱=写真左=が露店で売られていた。

また、千木箱についての記述が、「東都歳時記」の「飯倉神明宮祭礼(世に芝神明という)」にもみられ、昔は藤ツルを編み、食べ物を入れる器として作られていたとある。しかし、現在は小型化して祭礼の縁起物へと変化した。

## 芝大神宮 千木箱（東京都港区）

◆芝大神宮　例大祭

9月11日～21日、東京都港区芝大門1丁目12−7（浜松町駅北口から徒歩5分、都営浅草線大江戸線大門駅A−6出口から2分、☎03−3431−4802）。16日の氏子各町みこし連合渡御（とぎょ）がお祭りのピーク。毎年16日を挟んで奉納踊り大会、芝音頭や奉納太鼓の披露などが行われる。期間中、甘酒、生姜、千木箱を授与（千木箱は初穂料として1200円が必要）。

# 一味違った干支の張り子

関東は関西に比べて張り子の制作に熱心なようで、その数はかなり多い。そのうちのほとんどがだるま作者で、だるま作りから始まって種々の玩具へと発展していったようである。

茨城・那珂湊張り子の4代目・飯田善司さんもその一人。郷土玩具関係の古い書物にはだるま作者として紹介されているが、飯田さんの張り子は一味違って面白い。

「横向きトラ」＝写真中＝は、その名の通り、首を直角に曲げているのが珍しく、他にも「のめりトラ」など全4種ある。いずれも全体が黄色地に黒と赤のしま模様、頭部の目の上と鼻ひげは緑に白い線と独特の配色で、その上に長いひげがある。

一方の兎《ウサギ》＝写真右＝は、白地に黒で丸い斑点、赤い首輪が上部で大きく結ばれている。兎の首輪とはあまり見かけない飾りである。

張り子で虎や兎は珍しいので、3代目の永寿さんにその理由を聞いたことがある。なんでも、寅《トラ》年の正月、だるまと共に虎を作ったところよく売れたので、その翌年の卯《ウサギ》年には兎を作って売り出したとのこと。昭和の初期ごろまでは、村松の虚空蔵堂へのお参りの馬車が家の前を通り、軒下に緋毛氈《ひもうせん》を敷いて張り子を並べておくと、参拝帰りの人たちが馬車を止めてはよく買ってくれたそうだ。虎や兎の張り子を作り始めたのはこの頃だろう。

那珂湊でこうした張り子の玩具が作られていたのが知られるようになるのはかなり後のことになる。戦前に発行された郷土玩具関係の本には見当たらない。

## 那珂湊張り子の虎と兎（茨城県ひたちなか市）

◆張り子のだるまと虎・兎
ひたちなか市無形文化財。飯田善司さんと息子の隆司さん（5代目）が制作技術保持者に認定されている。購入はひたちなか市十三奉行 1975 の飯田さん宅（那珂湊駅から車で 5 分くらい、☎ 0292-62-3725）で可。虎 2500〜3500 円、兎 2500 円（要事前予約）。

# 職人の技光る 挽き物玩具

おなじみの落語「大山詣《まい》り」で、江戸っ子の熊さんたちがお参りに向かったのは、現在の神奈川県伊勢原市にある大山阿夫利神社。江戸からは富士山や伊勢より近いこともあり、江戸中期には大いに人気があったという。

その参道の土産店で古くから作られていた挽《ひ》き物玩具に、大山こまや臼と杵《きね》がある。「挽き物」とは、ろくろを回して作る木器や細工物のことで、それを作る職人を木地師、その家を木地屋と呼んでいる。

こまの素材はミズキで、作るものに合わせて切りそろえておく。乾燥させた後、ろくろに固定し、特殊な刃物で削りながら形作っていく。こまは中心にあけた穴に芯棒を差し込む。この作業はこまの回り方を左右するところで、木地師の腕が問われるところだ。

江戸時代の玩具絵本「江戸二色」に、こまと一緒に臼と杵が描かれている。その添え書きの狂歌に「大山のうすときねほど中のよき――」とあり、現在とは多少形は違ってはいるものの、この頃から作られていたことがうかがえる。

その木地屋だが、昭和初期ごろまでは30軒余りあったというが、戦後は9軒、現在は播磨啓太郎さんが経営する「はりまや商店」のほか3軒となった。今や貴重な土産物となってきた。

## 大山のこまと臼・杵（神奈川県伊勢原市）

◆はりまや商店
伊勢原市大山 352（伊勢原駅から大山ケーブル行バス、社務局入口下車徒歩 1 分、☎ 0463–95–2058）。前 9 時〜後 5 時。大山こま・臼・杵の製造・販売。小 750 円、中 1000〜1200 円、大 1500〜2000 円前後。飾り用は 4000〜1 万円。臼杵 2000 円。体験コーナーでこまの色つけができる 1 コ 800 円（要予約）。不定休。

# 母を治した鬼子母神のお告げ

昔の東京・雑司が谷のあたりは、秋になればススキがなびく原野で、鬼子母神の森にはミミズクが生息していたという。

だからなのだろう。古くから鬼子母神の御会式《おえしき》には、境内でススキの穂で作ったミミズクが売られ、「すすきのみみずく」として親しまれてきた。

秋の初め、ススキの穂が出るのを待って刈り取る。少しでも遅れると穂先が散って使えなくなるからだ。穂は日陰で乾燥させ、5、6本を束ねて糸で縛り、それをそっと丸めてミミズクの頭と胴にする。頭部には経木を細長く切って赤く染めて耳に、きびがらを二つ輪切りにして目を、竹を細く削ってくちばしにするなど、野にある素材を利用する。これを細長い丸竹の先にくくりつけて売る。

この玩具、今は北門前の「音羽家」で売られている。添えられているしおりによれば——病気の母親の回復を願い、毎夜鬼子母神にお参りに通った娘は、満願の夜夢の中に現れた一匹の蝶《ちょう》に、ススキの穂でミミズクを作って売り、薬代とするよう教えられる。そのお告げに従って母の病気を治すことができた。この蝶こそ鬼子母神の化身であったという。

かつては、この丸竹の最先端に竹ひごを曲げて蝶の羽をかたどり、紙を張り黄色く染めた蝶が取り付けられていた。このタイプの蝶のついたみみずくは、今は販売されていない。

写真は朝日新聞に掲載されたこのコラムを見た、みみずく制作者の長島秀臣さんが復刻されたもの。昨年（2006年）から豊島区のふくしまつりのときだけ、福祉団体への寄付のために販売しているそうだ。

## すすきのみみずく（東京都豊島区）

◆御会式大祭
10月16日～18日、東京都豊島区雑司が谷3丁目15−20の鬼子母神（都電鬼子母神前駅徒歩3分、☎03−3982−8347）。高張りちょうちんを先頭に、枝垂れ桜を模した万灯が練る。すすきのみみずくは「音羽家」（門前の店☎03−3982−4031）で購入可。1400～2000円
◆東京豊島区　ふくしまつり
毎年12月9日の障害者の日に近い日曜日に、豊島区と豊島区社会福祉協議会の共催で行われている。

# 精巧な山車と祭りの華を玩具に

小江戸と呼ばれ、江戸の面影を随所に残す埼玉・川越。10月14日、15日にはそんな風情のある街並みに、これまた江戸情緒を引き継いだ山車が行く「川越まつり」がある。

その山車をモデルにした玩具がある＝写真右。小型ながら本物そっくりで、四つ車の台座の上に囃子《はやし》台（舞台）と、その後ろに見送り幕に囲まれた屋台があり、更にその上に四方幕のある屋台がある。最上段には御神像の人形。四つ車の台座を土台にして、囃子台より上部の屋台が本物と同様に回転するように作られている。また、各部分の飾り彫刻も精巧に復元され、金箔《きんぱく》でふんだんに彩色されている。人形の頭から四つ車の下部まで大27㌢（中22、小12㌢）ある。

最上段の人形、祭りでは日本武尊《やまとたけるのみこと》はじめ徳川家康や牛若丸など歴史や昔話でおなじみの人物が飾られている。玩具の方は残念ながら翁や牛若丸など2、3の人形しかない。

さらにこの祭りに華を添えているのが、江戸風情をそっくり受け継いだ手古舞の女性たちの姿である。

手古舞とは、髪は男髷《まげ》に襦袢《じゅばん》を小意気に片肌脱ぎ、たっ着け袴《はかま》に紺足袋、雪駄《せった》。そして背には花笠、手には提灯《ちょうちん》ともう片方は金棒を持ち、江戸の昔から変わらぬ姿で登場する。この姿を五関張り子が、お得意の首振り式の人形＝写真左＝に仕立てている。

## 川越まつりの山車と手古舞（埼玉県川越市）

◆つちかね

川越市新富町 1 丁目 5-4（本川越駅から徒歩 5 分、☎ 049-222-0836）。[前] 10 時～[後] 6 時。伝統民芸品の専門店。山車・中（弁慶）4725 円、大（弁慶と牛若丸）9450 円。手古舞の張り子人形 4000 円。川越まつりの扇子 1200 円。[水]休み。

◆川越まつり

10 月第 3 土曜日とその翌日の日曜日（ただし 14、15 日が土、日の場合は、この日に開催）。本川越駅から札の辻周辺（川越駅観光案内所、☎ 049-222-5556）。

# 祝い鯛で我が家に福を

風折り烏帽子《えぼし》を頭に、右手に釣りざお、左手にはタイを抱えた姿の「えびす」。おなじみ七福神のひとりで、商売繁盛の福の神として広く信仰されている。豊漁の神として漁民に信仰された名残なのか、古くから「えびす講の日」に魚を贈る風習があった。「懸鯛《かけだい》」もその一つで、懸鯛とは生のタイ2匹を、口に縄を通して腹合わせにしてつり下げたもの。

しかし、生魚では長い間飾ることが出来ないことから、張り子で懸鯛を模したのが、張り子のだるまを作っていた「沢屋」の初代だった。張り子で2匹のタイを向かい合わせに作り、わら縄で飾りをつけ、これを「祝い鯛」と称した。西宮神社（葵区横田町）のえびす講の日に露店で売り出したところ評判となり、現在4代目の杉本栄司さんが跡を継いで作っている。

この祝い鯛を長い竹の先端につけ、その下に紙製のサイコロ、小判、お多福面、千両箱など福にまつわる縁起物を下げる。地元ではこれを「えびす講のご縁起」＝写真＝といって、我が家に福をと、これを求めて家に飾る。

郷土玩具の古い版画集「うないの友・5巻」にも、今とあまり変わらない姿で描かれているのを見ることが出来る。その添え書きに「静岡横田町夷子神社の祭日毎年十月十九日此《こ》の玩具を売る」とある。沢屋で作っていたものだろう。

## えびす講のご縁起（静岡県静岡市）

◆沢屋だるま店
静岡市葵区梅屋町5（静岡駅から徒歩15分、☎054-253-7817）。祝い鯛（大）3500円、（中）2500円、（小）1200円。西宮神社で行われる「えびす講」（10月19日宵祭りがメイン、翌20日昼ごろまで）の際は境内で「ご縁起」を2800～1万2000円前後で販売。

# 越前で修行、素材生かす

　茨城・日立市で竹人形を制作している柴田重光さん。作り始めてから30年以上がたち、今では地元でよく知られた民芸品となっている。

　竹製と言えば籠《かご》類だったそれまでのイメージを一新。竹の持つ「丸み」を利用し、素材そのものの太さや模様をうまく組み合わせた。木彫りや土人形とは一味違った風雅ある人形だ。

　初期の作品は小型（高さ約18チセン）の物が多く、「磯節」は編み笠を被り、着物姿ですそから赤いゆもじが見える踊り姿の女性。「水戸貴門」＝写真手前＝は、おなじみの水戸黄門と助さん、格さん。「常陸《ひたち》の華」＝写真奥＝は、お土産用にと創作した。

　大型（高さ40～50チセン）では、船弁慶、鞍馬天狗、道成寺や歌舞伎、能でおなじみの人物がモデル。着物の袖などに、竹の表皮の一部をはがし、鱗《うろこ》模様や梵字《ぼんじ》を図案化した地模様を入れるなど、手が込んでいる。こちらの方は、日立に来る外国商社の土産品として珍重されている。

　柴田さんの竹人形との出会いは、京都での大学時代。堅苦しい本から離れ、ふと読み始めた水上勉「越前竹人形」がきっかけだった。当時福井の町で竹人形を作る第一人者で、この小説のモデルにもなった尾崎欽一さんを訪ね、大学を中退して弟子入りする。修行すること5年余り、74年の茨城国体を機に帰省、国体参加者の土産にと地元の竹を使って作り始めた。

## ひたち竹人形（茨城県日立市）

◆ひたち竹人形工房
日立市大みか町6丁目19–8（大甕駅から徒歩15分、☎0294–53–4868）。前8時～後7時。磯節、水戸黄門1890円。歌舞伎、能など7000～20万円。常陸の華3150円、5250円。竹コプターなどが作れる工芸教室有り（300～500円、要予約）。日休み。

# 聖人由来、成就で目入れ

日蓮聖人をまつる名刹《めいさつ》として知られる小湊誕生寺。ここでは「願満の鯛《たい》」といって、日蓮聖人誕生ゆかりの土人形が授与されている。本来は祈願のためのものであるが、なかなかいい作品なので紹介しよう。

海に泳ぐタイの姿をかたどり、赤い地肌に金と黒で鱗《うろこ》やひれが描かれ、下腹部は青と白の波で支えられている。このタイの目をよく見ると、一方の目玉は丸く塗りつぶされているのに対し、もう一方は丸に点のみ。これは後で両目にするためだ。願い事のある人が、このタイに朝夕手を合わせて念じ、成就した時に、点のある方の目に黒丸を入れ、寺に納めるとよいとされている。

モデルは、誕生寺からほど近い「妙（鯛）の浦」のタイで、日蓮聖人の使いとして神聖視されてきた。また、国の天然記念物にも指定されている。

誕生寺で、日蓮聖人が生まれたときの三つの不思議をいう三奇瑞《さんきずい》の一つに、こんな伝説がある。1222年、日蓮はこの浦の近くの漁家に生まれた。このとき海にたくさんのタイが群がり、波間を飛びはねて誕生を祝った、という。また、のちに立宗した日蓮がこの浦に戻り、舟を浮かべて払子《ほっす》（僧が手に持つ白い毛を束ねた仏具）で、海の上に「南無妙法蓮華経」と題目を書くと、タイが群れになってその題目を飲み込んだ、との伝説もある。

比較的最近作られたものだが、由緒ある土人形だ。

## 小湊誕生寺 願満の鯛（千葉県鴨川市）

◆お会式
11 月 12 日、鴨川市小湊 183 の小湊誕生寺（安房小湊駅から車で 5 分、☎ 04-7095-2621）。正午、鮮やかな衣装をまとった子どもたちによる稚児行列など。願満の鯛は小 1500 円、中 3000 円、大 1 万円、特大 2 万円。

# 地元のゆかり、平成に誕生

平成になって、那須で新しく生まれた人形がある。名を「那須串人形」という。

首人形と呼ばれる、竹串の先に粘土で人形の頭だけをつけた人形は昔から各地にあったが、この人形は、人形全体が竹串に付く。

新しくといっても作り始めてからすでに十数年が過ぎ、種類は多い。なかでも那須の土産として評判なのは、九尾の狐《きつね》、俳人・芭蕉、馬上の那須与一の3体が笠型のわら束に刺されている「那須路伝説」=写真。

「九尾の狐」は今も那須岳のふもとに残る殺生石と化した狐で、悪行の限りを尽くした9本の尾を持つ妖怪。俳人・芭蕉は東北の旅の途中、この地に立ち寄り、「石の香や夏草あかく露あつし」と「奥の細道」に句を残した。那須与一は、「平家物語」でおなじみの屋島の合戦で、扇の的を一矢で射落とした弓の名手である。いずれも那須ゆかりの人形である。

このほかにも、招き猫ばかりの「猫尽《づく》し」や、恵比須・大黒などの福の神を集めた「福尽し」などがある。作者の戸村裕さんが営む、民芸工房「猫ぢゃらし」のホームページからも取り寄せが可能だ。

材料は、桐塑《とうそ》（桐のおが屑にのりを混ぜて練り上げたもの）を使う。以前から趣味で作っていたという人形作りの経験を生かしたという。桐塑は日本人形にも使われる素材である。紙製の張り子より丈夫で、土人形より加工しやすく、同時に竹串にかかる人形の重さを軽減できる。

## 那須串人形（栃木県那須町）

◆民芸工房　猫ぢゃらし
那須町寺子丙3（黒田原駅から徒歩2、3分、☎ 0287-72-0223、http://www.d5.dion.ne.jp/~nasukusi）。那須路伝説 2300円。猪尽し5本組 2400円、8本組 3800円。福尽し 14本組 5700円。電話かホームページから注文後、約2、3週間で発送。

# 「庚申」にゆかり、厄払う

東京・葛飾、柴又の帝釈天といえば、「男はつらいよ」の寅さんでもおなじみだが、この寺が庶民に親しまれるようになったのは、今に始まったことではない。

正式には経栄山題経寺といい、1629年創建。1779年の春、本堂修復の際、所在不明だった坂本尊が発見された。その日が庚申《かのえさる》の日にあたり、縁日を「庚申《こうしん》」と定めた。

そうして帝釈天信仰が広まり、江戸後期の庚申の日には、早朝から参拝者が列をなしたという。

その門前の土産物店で売られていたのが「弾《はじ》き猿」である。「申」と「猿」とが結びついて、悪を弾き猿（去る）としてよろこばれた縁起物だ。

長さ35チ《セン》くらいの竹棒に、約2チ《セン》の竹筒が通され、布製の猿が付く。竹棒の下部には、竹の表皮を利用したバネが付いていて、それを弾くと猿が跳ね上がる。竹棒の上端には、跳ね上がった猿を止める丸竹が横に渡され、その上にひし形の板切れがあり、「柴又」の文字、裏には雷文が描かれている。

江戸後期の「嬉遊笑覧」には「弾き猿」の見出しで「行あたりけり行あたりけり　弾かるる度にあたまを叩《たた》く猿　これ今もあるものなり」とある。どこの弾き猿とは書かれていないが、著者・喜多村信節は江戸の住人であったところから察し、この頃には江戸にあったのだろう。

## 帝釈天 弾き猿（東京都葛飾区）

◆園田民芸店

東京都葛飾区柴又7丁目6–14（柴又駅から徒歩3分、☎03–3657–5997）。開9時～閉5時。弾き猿、5色の猿がついた「五猿」のストラップ、各850円。土鈴の「ごへい猿」は1000円。

# 師走を告げる祭りの主役

師走のにぎわいの始まりは、「秩父夜祭」（12月2日、3日）からである。

京都祇園祭、飛騨高山祭と共に日本三大曳山《ひきやま》祭に数えられる。4基の屋台と2基の笠鉾《かさほこ》は昭和の名工による極彩色の幕や彫刻が随所に見られ、国の重要有形民俗文化財に指定されている。

この屋台をそのまま小さくしたかのような玩具が作られている。4輪の台車の上に黒塗りの欄干に囲まれた屋台があり、前部は舞台、後部は千代紙の幕に囲まれた楽屋がある。屋根も同様に黒塗りで、屋台の下部と屋根の下に実物と同様に、彫刻が施されている。サイズは小（高さ15チセン位）から、中、大、特大まである。

また、この屋台のミニチュア付き乗車券もある。こちらは、秩父鉄道が限定で販売している「秩父夜祭記念乗車券」だ。風変わりな切符として喜ばれている。

この屋台が何かと話題になるのは、造作の華麗さだけではない。夕刻には、それぞれの屋台の提灯《ちょうちん》に明かりが入れられ、その光景は目もくらまんばかり。そうして秩父神社からお旅所への渡御《とぎょ》が始まる。途中、屋台が団子坂の急な坂道を、大勢の法被姿の若者たちのかけ声と共に引きあげられる場面が見どころである。

祭りの風景をいつでも見られるようにと「秩父まつり会館」がある。ここには屋台と笠鉾各1基が常設され、祭りの雰囲気が屋台囃子《ばやし》と共に味わえる。

## 秩父夜祭の屋台模型（埼玉県秩父市）

◆秩父まつり会館
秩父市番場町2-8（秩父駅から徒歩2、3分、☎0494-23-1110）。入館料400円、小中学生200円。※屋台模型は現在（2007年）は制作されておらず、在庫もない。

## 焼き雛発見、再び制作

来年（２００７年）の干支《えと》はイノシシ。関東方面で一番大型で立派なイノシシの土人形は、静岡・菊川の「坊ノ谷土人形」の中＝写真左＝にある。測ると高さ21チセン、横30チセンあった。鼻を空に向け、牙をむき出し勇壮に駆ける。その背には、武士が振り落とされないようにしがみついている。イノシシの足元には草の間から陣笠を被った武士たちの顔。この人形は背に乗った武士の名をとって「新田四郎」と呼ばれている。

昔は「焼き雛《びな》」と呼ばれ、地元では節句飾りの人形として親しまれていた。しかし戦争などの影響で、１９３５年ごろに制作を中止していた。

ところが70年ごろになって、静岡の郷土玩具研究会「雪だるまの会」の会員が、遠州灘沿いの古い土人形を探し歩き、この焼き雛に出会う。生産地名をとって「坊ノ谷土人形」と呼ぶことにした。そしてある会員が作者を探し当てることに成功した。

当時制作していた家が２軒残っていた。その１軒、高木亀次郎さんと妻つねさんは、制作経験者で健在だった。人形の型も完全に残っていたので、会の応援を得て82年ごろから制作を再開し、現在は４代目の高木宏さんが継いでいる。

耳はとがって大きく、つり上がった鋭い目が特徴の三河系と呼ばれる招き猫や、天神、花魁《おいらん》などがある。型は代々引き継いで50種類ぐらいあるそうだ。

## 坊ノ谷土人形（静岡県菊川市）

◆制作者の高木宏さん
菊川市高橋 3316 ― 1（菊川駅、菊川 IC から車で 20 分、菊川駅から御前崎線浜岡方面 1 番のりばからバス、高橋下車すぐ）。電話かファクスで取り寄せ可。購入方法、在庫の確認などは☎・FAX0537−73−4023 へ。新田四郎 9000 円。天神 8000 円。招き猫（小）2000 円、（中）3500 円、（大）5000 円、（特大）3 万 5000 円。他に内裏びな、三番叟、福助など。

# 我が家に福をかき込む

12月23日、埼玉・鳩ケ谷で県内の「酉《とり》の市」の最後を飾る「おかめ市」が開かれる。

氷川神社境内や歩行者天国となった旧国道沿いは、あわせて200店余りの露店で埋まる。そして境内の露店では、「おかめ」＝写真左＝と呼ばれる熊手が売られる。

この「おかめ」は、東京の酉の市でも見られる熊手と同様のもので、可愛いおかめ面（土製、張り子製）を中心にして、小槌《こづち》、えびす・大黒、祝い鯛《だい》など種々の縁起物が飾られ、大きさも種類も値段も様々である。

これを「カッコメ」と呼ぶ人もいるが、正式には神社から授与されるものを「カッコメ」という。ほうきのような形をしているが、柄は短く、境内の露店のものとは形が違う。20チセンぐらいで、おかめのかわりにお札と稲穂がついている。これで福をかき込んで新年を祝福しようというものなのだが、「おかめ」も同じ気持ちから混同されているようだ。

また、福しゃもじ＝写真右＝という、大型の杓子《しゃくし》も授与される。おかめ面や小判、大福帳などの飾りに、「笑門来福」の文字が書かれている。

この市は、明治末から日露戦争後の不景気を追い払おうと、地元の香具師《やし》（露天商）の元締め、長井弥五郎が発案し、行われることになった。第1回は1910年と決まったが、台風や明治天皇崩御などで延期になり、13年12月5日に盛大に開かれた。

現在は天皇誕生日の12月23日が定例となり、おかめ市の縁起物や正月用品を求めに、都内からも大勢の買い物客が押し寄せる。

## 氷川神社 おかめと福しゃもじ（埼玉県鳩ケ谷市）

◆おかめ市

12月23日、鳩ケ谷市本町1丁目6–2の氷川神社（鳩ケ谷駅から徒歩5分、☎048–284–3838、http://www15.plala.or.jp/hatogaya–hikawa）。[前]11時の祭典後、カッコメ（初穂料として1200円）、福しゃもじ（同1500円）を頒布する。

# 福招く小玩具、切手の図案

正月が近づくと、来年の干支《えと》の年賀切手はどこの玩具が図案になるのか気になる。

来年（２００７年）の50円切手は、浅草の老舗《しにせ》・助六の「宝珠の猪《いのしし》」、80円切手は、とやま土人形の「干支（亥《いのしし》）」に決まった。

宝珠の猪は、高さ5チセン足らずの可愛い土鈴の人形で、裃《かみしも》を身につけた正座姿である。右手に扇子、左手に宝珠を持っている。軽く振るとコロコロと音がする。

全国にイノシシをかたどった玩具はたくさんあるが、そのほとんどが4本足の動物姿。このように擬人化したイノシシはおそらくここだけだろう。手に持った宝珠の玉は、助六の説明によると、「災いを弾《はじ》いて福を招くといい伝えられ、正月にふさわしいおめでたいイノシシ」とのことである。

ここの人形が図案になったのはこれで3度目だ。最初はかなり古く、１９５８年の戌年《いぬ》。江戸張り子の犬が絵になり、丸い顔に短い足、背にはでんでん太鼓を背負っている。２回目は03年の未年《ひつじ》に、宝珠の未が採用された。真っ白の羊の立ち姿。背には敷物の上に「宝珠の猪」と同様の宝珠を背負っている清楚《せいそ》な人形である。

これらの小型の人形、「江戸趣味小玩具」といって助六でしか見られない玩具類である。創業は１８６６年ごろの江戸末期で、現在は5代目の木村吉隆さんが継いでいる。この店専門の職人が30人ほどいて、約２５００種の小玩具を制作している。

## 宝珠の猪（東京都台東区）

◆助六
東京都台東区浅草２丁目の仲見世通り（浅草駅から徒歩３分、☎ 03-3844-0577）。宝珠の猪、宝珠の羊、各2700円。犬張り子2100円から。出産祝いによく使われる犬張り子・寿犬（写真右）は3800円から。仲見世商店街の店舗商品を扱う通販サイト（http://www.nakamise-tu.com）からも購入可。

# 養蚕から生まれた縁起物

正月が過ぎると各地で「だるま市」が開かれる。中でも関東最大の規模といわれるのが、少林山達磨寺の「七草大祭だるま市」、通称「高崎だるま市」。毎年1月6日と7日、寺に通じる道路から境内にかけて、だるまや招き猫を売る店が出て大いににぎわう。

高崎だるまは全体的に丸い形が特徴で、これは家庭や社会の円満を表している。丸い目に、金泥のまぶた、目玉は入れず、鼻筋高く、小鼻は紅で大げさに描かれ、くし形の眉は鶴、ひげは亀をかたどっている。

当寺を開山した、帰化僧の心越《しんえつ》禅師が描いた一筆書きのだるまの座禅像から、文化年間（1804〜18）、上豊岡村の山県朋五郎が9代目東嶽《とうがく》和尚に木型を彫ってもらい、それを張り子に作ったのが始まりとされる。明治に入り、この地方では養蚕が盛んになる。だるまの起き上がりと、蚕の脱皮を「起きる」、繭になるのを「上る」といった語呂合わせから、豊蚕を祈る縁起物として大いに発展した。

同じ張り子製の招き猫もある。丸い大きな目に可愛い顔の手招き姿で、腹部に大判小判が描かれている。

この地方では古くから養蚕の守り神として猫の絵が信仰されていた。養蚕にはネズミの被害がつきもので、天敵である猫を飾り、ネズミよけとしていたのだった。だるまと同様に招き猫も豊蚕を願う縁起物として流行し、それがいつしか商売繁盛と結びつき、年の初めの人気者となった。

## 高崎だるまと招き猫（群馬県高崎市）

◆七草大祭だるま市
1月6日、7日、高崎市鼻高町296の少林山達磨寺（高崎駅から小林山線1系統の巡回バス、小林山達磨寺下車、☎027-322-8800）。同寺では、だるま市の2日間だるまを授与している（300円〜）。招き猫は祭りのときに露店で購入可。売れ筋は約20㌢で2000〜3000円前後。

# 家庭円満と商売繁盛に

1月7日、東京・浅草の待乳山聖天《まつちやましょうでん》で行われる「大根まつり」では、参拝者にふろふき大根が振る舞われる。それをいただこうと、本堂前には長い行列が出来る。

一方、寺務所では今戸焼の貯金玉が授与されているが、これはあまり知られていない。この貯金玉は大小2種あり、大は丸い巾着《きんちゃく》型で金色の地に「宝」と書かれている。上部の口には赤いひもが結ばれ、その背後に小銭を入れる切り込みがある。小は横長の巾着型で、これも金地に交差した2本の大根が描かれる。いずれも今戸焼を示す刻印がある。

「大根」に「巾着」とは面白い組み合わせだが、いずれも聖天様のご利益の表現である。この寺は浅草寺の支院で、正式には本龍院といい、大聖歓喜天がまつられている。大根をお供えすると人間の煩悩である瞋《いかり》の心が清められ、一家和合のご加護があるという。また、巾着は財宝を表し、商売繁盛に通じるとされる。

江戸時代にこの寺のそばの隅田川沿いで屋根瓦を焼いていた。その余暇に土人形が作られたが、その一つがこの貯金玉である。もちろん貯金玉とは、今の貯金箱のことだ。

「郷土玩具辞典」によると1871〜2年ごろ、浅草今戸で作り始められ「当時の型は宝珠に張られていたので貯金『玉』といわれた」とある。宝珠がいつしか巾着に変わったのだろうが、貯金玉と呼ばれるようになったのは、これが始まりのようである。

## 待乳山聖天 貯金玉（東京都台東区）

◆大根まつり
1月7日、🈜11時～🈝1時半、東京都台東区浅草7丁目4-1の待乳山聖天（浅草駅から徒歩10分、☎03-3874-2030）。🈜9時から整理券を配布。11時半ごろ、ふろふき大根の振る舞い（2000食）。貯金玉は常時授与しており、大3500円、小3000円。

# 素朴な味わい、石ころ雛

江戸の今戸焼（人形）に習って作り始められた芝原人形。高さ10センチに満たない小型なものが多く、招き猫、宝珠狐《きつね》など200種近くある。初期の作品には、明治風俗を主とした芝原独特の型が多い。その中で「豊年満作踊り」（写真、高さ約15センチ、横13センチ）と題した老人と若い女性の人形はあまり知られていない。

この人形、かつては「広大寺」と呼ばれていた、江戸時代越後国の広大寺の和尚が、門前の豆腐屋の娘といい仲となり、駆け落ちしたという話を、豊年満作踊りの連中が芝居にして関東各地を回った。千葉・茂原の台田神社の祭礼の折にもこの芝居が演じられ、それを見た初代の芝原人形作者・田中錦造が人形にしたという。

この田中錦造が、明治の初めに今戸焼の瓦屋から土の練り方、型抜きや、窯焼きなど土人形の製法を習い、農業の傍ら副業として人形を作り始めた。明治末期は芝原人形の全盛期で、30人余りの小売人が県内各地を売り歩いた。

代を重ね、1955年には県無形文化財に指定されたが、71年に3代目が亡くなる。後継者がないまま廃絶かと惜しまれたが、約10年後、岐阜・多治見で焼き物の修行をしていた千葉県出身の千葉惣次さんが、田中家の遺族の承諾を得て4代目を継承した。現在も妻の真理子さんと制作を続けている。

「石ころ雛《びな》」と呼ばれたように、振るとカラカラと音がするこの素朴な味わいに、今も愛好者が多い。

## 芝原人形（千葉県長南町）

◆千葉惣次さん
制作・販売。長生郡長南町岩撫44−1（☎・FAX 0475−46−0850）。豊年満作踊り1万2000円（要事前注文）。注文から1カ月半で発送。毎年2月20日すぎの金曜日から3月3日を挟んだ日曜日までの9〜10日間、長南町岩撫の工房（茂原駅から長南車庫行バス、長南車庫からタクシー）を開放して「雛人形展」を開催。

# ウソを幸運に取りかえる

東京・江東区の亀戸天神社で1月24日と25日、江戸時代から続く伝統行事、「鷽替神事《うそかえ》」がある。

この神事「去年の悪《あ》しきはうそ（鷽）となり、まことの吉にとり（鳥）替えん」との言い伝えにより、野鳥の鷽をかたどった木彫りの鷽＝写真前列中央・右＝が神社から授与される。

高さは約5～22センチぐらいで大小数種ある。白木の円柱形の上部3分の1くらいが粗削りされ、頭と腹部となり、背後は削り掛けの手法で尾羽が切り込まれている。そして頭は黒、胸には朱、背の羽は緑と黒で彩色され、枝に止まる鶯を抽象的に表現しているしゃれたデザインである。

江戸の習俗を著した「東都歳時記」に、「今明日、亀戸天満宮鷽かえの神事　木をもって図の如くの鳥の形を造り、詣人袖中にして取かゆるの神事なり」とあり、現在の鷽とほとんど変わらない図が載っている。

また文中の「袖中にして取かゆる」とあるのは、この神事では鷽を着物の袖の中に隠し持ち、参拝人がお互いに鷽を取り替えることにより「悪事を転じて善事にかゆる」とある。本来はこのようにして幸を願ったが、今は行われていない。

文京区にある湯島天満宮の鷽＝写真後列＝は、合格を願う学生たちの人気を呼んでいる。また、台東区の上野公園内の五条天神社では亀戸とよく似た鷽＝写真前列左＝が授与される。

## 亀戸天神社 鷽（東京都江東区）

◆鷽替神事
1月24日、25日、𦊆8時半から、江東区亀戸3丁目6−1の亀戸天神社（亀戸駅か錦糸町駅、どちらからも徒歩15分ぐらい、☎03−3681−0010）。500〜7000円で授与。※同じく1月24日、25日、𦊆9時から、五条天神社（台東区上野公園4−17 ☎3821−4306）、25日、𦊆9時から、湯島天満宮（文京区湯島3−30−1 ☎3836−0753）でも授与。

# 特産の和紙で、干支を題材

新年になると各地の干支《えと》玩具が出揃う。猪《いのしし》は形にあまり特徴がないので、制作者の手腕が試される。思わぬ面白い作品に出合うことがあるので楽しみだ。

和紙好きが高じて、張り子玩具に没頭している、さいたま市在住の須田善宏さん。数年前から年初に、干支の張り子玩具を作っている。お得意は三猿、鳥づくし、犬づくしなどの「吊しもの《つる》」で、今年（２００７年）は「吊し猪」＝写真右＝である。

全長約６㌢の小さな猪が３匹。全体を焦げ茶色に染め、白い模様に可愛い目が入れられ、１本の赤い紙縒《こより》に吊り下げられている。

このほか、１本のわら縄に下げられ、猪の肉の異称である「山くじら」の名札がついた猪＝写真中央＝や、２匹が細いわら縄で縛られ、稲穂と「大願成就」の紙が付けられた猪＝写真左＝などもある。

作者の須田さんの紙細工好きは子供の頃の折り紙に始まり、長じて和紙の魅力にとりつかれた。収集や紙細工にも一層熱が入り、それまでの経験を生かして張り子を始めた。夢中になると、明け方まで制作に没頭することもあるという。

張り子には、「久保昌太郎和紙工房」の小川和紙を使い、手でちぎって張り重ねている。また彩色にも工夫があり、須田さんならではの製法が取り入れられている。代表作は、やはり吊しもの。その一つ「吊し鯉《ごい》」は、スポーツ好きの須田さんが、試合に行く友人のために「勝ってこい（鯉）」とプレゼントすることもあるそうだ。

## 埼玉張り子の「吊し猪」（埼玉県さいたま市）

◆鎌倉ふるさとのおもちゃ館
神奈川県鎌倉市雪ノ下 1 丁目 9–24（鎌倉駅から徒歩 6、7 分、☎ 0467–22–3060）。「干支の吊しもの」1200〜1500 円。山くじら 1000〜1500 円。

◆制作者の須田善宏さん
さいたま市見沼区東大宮 3–6–4、30–905（☎ 048–663–8885、http://www.yochibo4416.com）。HP にてその他の作品、上記以外の取扱店舗などを紹介している。

# 自由な発想、形も様々

こけしは木工ロクロでひいた丸みのある木製玩具で、伝統こけしと近代こけしの二つに大きく分けられる。

伝統こけしは主に東北地方で作られ、その形や彩色は、師匠から弟子へと受け継がれた伝統的手法で作られている。

今回紹介するのは、もう一つの近代こけし。第2次大戦後に作り始められた新しい型のこけし類である。手法にこだわらず、制作者の自由な発想で作られるので、今までになかった手足のある作品も見られる。

このようなこけしは各地で制作されているが、なかでも群馬県が主産地として知られている。毎年2月「全群馬近代こけしコンクール」が開かれ、今年で47回目になる。その結果は、県民ホールで一般に公開され、入賞作品は3部門に分けて発表される。

創作こけしの部の出品作品＝写真中央＝では、三角の錐体《すいたい》や頭が胴より大きなものなど、寸法や形に制限がない。絵付けや彫刻に優れ、芸術性の高い作品が評価される。従って、素材もケヤキ、クスなど最高のものが使用される。

新型こけしの部＝写真左＝は、観光地などで見られるお土産こけしや、サンタクロースなどの季節物で量産され、小型で安価な作品。

木地玩具の部＝写真手前＝は、けん玉こけし、ピエロの頭や手足の上でコマが回せる人形など、すべてロクロでひいた手遊び玩具。

これらの作品は、群馬総社駅近くの小売店に豊富に取りそろえられている。

## 群馬の近代こけし（群馬県前橋市）

◆こけしの里「翠月」
北群馬郡吉岡町大久保 2073（群馬総社駅から車で 10 分、☎ 0279-54-2761）。写真中央 1 万 5000 円、左 1000 円、手前 2000 円
◆卯三郎こけし
北群馬郡榛東村長岡 1591（渋川駅から車で 20 分くらい、☎ 0279-54-6766、http://www.usaburo.com）。1000 円前後から。HP から注文可。

# 人形を作り農民に感謝

各地から梅の便りが届く季節。関東では日本三名園の一つ、水戸市の偕楽園の梅が特に知られている。ここは1842年に、水戸藩9代藩主の徳川斉昭（烈公）によって開かれた。今回は、斉昭にちなんだ「農人形」を紹介しよう。

水戸では古くから「偕楽焼農人形」といって、農夫をかたどった土人形が売られていた。今も同じ型の人形が郷土玩具として作られている。この人形、稲束がたてかけられている横に、みのを着た農夫が座っている。左手には鎌を持ち、右手ですげ笠を裏返しにして、何かを笠で受ける格好をしている。もとは斉昭が農民の労苦に感謝して作らせたのが始まりで、青銅製だった。そのために濃い緑色に彩色している。他に木彫りや、カラフルに彩色した笠間焼きのものもある。

古い偕楽焼の解説文によると、「この農人形とそのたの製品を明治四十年十一月行幸結城大本営の天覧に供進奉りかたじけなくも御買上の天恩を拝せり――」とあり、この土人形は明治末期以前に作られていたと推察される。

先の説明の「すげ笠を裏返し」には意味がある。産業の開発に努めた斉昭が、農人形を鋳造し、農民の辛苦を察して食事の時にこの人形をお膳《ぜん》の上に置いていた。一箸《はし》の飯をまずその笠の上に供えた後に、食事をとったという。作られた経緯が一般の郷土玩具と異なるが、今では水戸を代表する玩具として知られている。

## 農人形（茨城県水戸市）

◆工芸デパート
水戸市南町3丁目4-5（水戸駅から徒歩10分、☎029-224-2317、FAX231-7366）。[営]10時～[閉]7時。土製は1050円（笠間焼き）から。木製は4200円、1万5750円、3万1500円。青銅は4万7250円。電話かファクスで注文可。第2、3の[日]休み。

# 後ろ姿を楽しむ和紙人形

昭和初期ごろまでは、全国各地で、それぞれの土地柄を現した紙人形が一般家庭で作られていた。また、専門の作者が玩具店や縁日でも売っていたが、戦後はあまり見られなくなる。ところが静岡市では、「江戸姉さま」の流れをくむ「静岡姉さま」が今も作られている。かつては数人の作者がいたが、現在は鈴木ますさんただ一人となった。

この姉さま人形は、別漉《す》き和紙を縮ませ日本髪に結い、水引や色紙で飾りをつけ、古風な模様の江戸千代紙や越前和紙で着飾った風情のある人形である。江戸姉さまと同じで顔はなく、後ろ姿を楽しむものだ。

人形の大きさは、大（約40チセン）、小（約30チセン）と、特注の特大（約70チセン）がある。髪形は「島田」「島田くずし」「桃割れ」「丸髷《まげ》」「ふくら雀《すずめ》」「花魁《おいらん》」「お梶髷」「おしどり」「粋な年増」「天神」の10種類。また頭部の髪形のみの「頭人形」も2種ある。

姉さま人形作りの始まりは、江戸末期にさかのぼる。この地が府中と呼ばれ、駿府城を中心に城下町が繁栄していた頃、江戸との交流も盛んに行われた。そんな中、江戸に住む家中の子女により伝えられたとされる。

現在の制作者鈴木さん（旧姓は曽根）は4代目。初代の曽根えいさんが1895年ごろに作り始め、母のしげさん、姉のせきさん、そして妹のますさんへと作り継がれた。曽根家の作る人形の髪形や着物の着付けは、当時から几帳面《きちょうめん》な作風として、土地の人たちからも定評がある。

## 静岡姉さま（静岡県静岡市）

◆駿府楽市

静岡市葵区黒金町47のアスティ静岡西館（静岡駅すぐ、☎054–251–1147、FAX285–1093、rakuichi@mail.wbs.ne.jp）。前9時～後9時。小1365円、大3045円、特大8400円。在庫の確認、商品の注文は電話、ファクス、Eメールから可。

## 「高崎」「川越」より表情穏やか

正月早々から関東各地で開かれた「だるま市」。その最後を飾るのは、3月3日、4日にある東京・調布の深大寺の市である。そのせいか、この日は都内から訪れる大勢の人でにぎわう。そば屋の並ぶ参道を直進して茅葺《かやぶ》きの山門をくぐれば、見渡す限りにだるまを売る露店が並んでいる。

ここのだるま市の主役は「多摩だるま」だが、他に高崎、川越、越谷など関東系の目なしだるまが出そろう。どの店のだるまも同じ表情に見えるが、よく見ると眉やひげの描き方が少しずつ違っている。多摩や越谷のだるまは穏やかな顔に見えるのに対し、高崎のそれは眉は鶴でひげは亀、川越のそれは眉に寿の文字が入っていてこわい顔に見える。

ひげだるまに混ざって、やさしい顔立ちの女だるま（おたふく）や、白い招き猫もある。多摩の猫も高崎と違っている。黄、青、緑色のだるまも並んでいる。

山門の横の寺務所では、だるまの土鈴が授与される。この土鈴は、深大寺窯の馬場信子さんの作品で、山門前の「深大寺土鈴つくり処」と書かれた旗がある店で作っている。

店は家並みから少し奥にあるが、その前の露店にだるま土鈴をはじめ、たくさんの土鈴が並んでいる。看板は万葉土鈴で、木魚型のふくらみのある面に万葉集の歌が書かれている。季節の花が地模様に描かれ、きれいな土鈴で人気がある。信子さんが戦後まもなく開店して作り始めた。現在2代目のきくおさんが後を継いでいる。

## 多摩だるまと深大寺土鈴（東京都調布市）

◆深大寺だるま市
3月3日、4日、前9時～後6時、調布市深大寺元町5丁目15−1（調布駅またはつつじヶ丘駅から深大寺行バス、深大寺下車 ☎042−486−5511）。多摩だるま1000円前後から。だるま土鈴600円から。だるま市については、市観光協会事務局（☎042−481−7184）へ。
◆むさし野深大寺窯
楽焼・土鈴などの制作・販売。調布市深大寺元町5丁目13−6（深大寺山門前、☎042−483−7441。http://members3.jcom.home.ne.jp/jindaijigama）。深大寺土鈴600～3800円。

# 色彩豊かでユニーク

3月3日はひな祭り。埼玉・春日部張り子のひな人形は、張り子の立ち雛《びな》＝写真左手前＝などのほかに、面白いひな壇飾りがある。

桐《きり》箱には「手びねり乃人形　段雛飾り」と書かれている。ふたを開けると5段のひな壇に、手びねりの猫の人形（約3㌢）が並んでいる＝写真右。最上段には内裏様。男雛は白い顔に紫の着物、女雛はピンクの顔に赤い着物をまとっている。三人官女や五人囃子《ばやし》もいて、色鮮やかな猫のひな人形たちが整列している。

ここでは伝統的な張り子のひな人形のほかに、手びねり人形の猫、十二支、蛙《かえる》、狸《たぬき》、河童《かっぱ》などもある。今までたくさんのひな人形を見たが、こんなに風変わりなものは初めて見る。

このユニークな人形を作っているのは、五十嵐健二さん。昔は漫画家を志し、武蔵野美術大学在学中に、絵画のモチーフとしていた張り子人形に魅せられ、人形作りを習得した。美大出身だけに、形や色彩に今までの郷土玩具に見られなかった独特の人形が生まれた。張り子にとどまらず、土や木を素材にした人形が生まれ話題となった。各地で展示会を開いていたが、2年ほど前に春日部に専門店「玩古庵」を開く。作品を販売すると共に、2階には学生時代から集めた郷土玩具を展示している。

今では、長男の俊介さんと次男の祐輔さんも父の仕事を継ぎ、若いパワーを得て、新しい人形も次々と誕生している。

## 春日部のひな人形（埼玉県春日部市）

◆「玩古庵」
春日部市大沼2丁目62–22（春日部駅から徒歩15分、☎048–738–4185、http://www.maneki-neko.com）。[前]11時～[後]5時。桐箱入り手びねり段飾り（10センチ）1万500円、（19センチ）2万6250円。立ち雛1575円から。[日]休み。

# 和紙重ね、華麗さ増す

かつては地方色豊かな「姉さま人形」が各地で作られていた。少女時代の思い出となっている女性もいるかと思うが、近頃は見かけなくなった。そんな姉さま人形を、現代風に作りかえた「野州《やしゅう》姉さま」に情熱を傾けている女性がいる。

栃木・下野の和紙人形作家の田村顕衣さんである。嫁ぎ先で地元の野州姉さまに出合ったのを機に、子供の頃に母が作ってくれた人形を思い出し、地元の和紙を使って作り始めた。

その人形の一つ「おいらん」全長27チセン＝写真右＝は、白い和紙を縮めた日本髪を結い、髪にかんざしやくしが飾ってある。淡い赤色の千代紙を何枚も重ねて着物にし、帯は前にだらりと下がっている。遊女見習いの少女「かむろ」15チセン＝写真中央＝も、日本髪に花かんざし、赤い千代紙の着物を着ている。この2体よりも地味な髪形で、花柄の着物のすそを引いている姿は「町家の女性」18チセン＝写真左＝である。

こうした作品は、古い風俗を研究した文献や錦絵、文楽人形などを参考にしている。人形作りに没頭し、いつの間にか人形が大きくなり、表装も華麗になった。全長約70チセンもある着物姿の天女「羽衣」や、豪華な着物を重ね着した遊女「立美人」も生まれた。

また、地元の烏山和紙の厚くて硬い特徴を生かして制作したのが、「かんぴょうの里」。県特産の干《かん》瓢《ぴょう》作りを、苗作りから収穫、ふくべむきなど27のシーンに分け、70体の人形で表現した大作である。

## 野州姉さま人形（栃木県下野市）

◆いしばし人形舎
下野市石橋 928–13（石橋駅から徒歩、10分ぐらい、☎ 0285–53–5946、FAX 53–6290）。おいらん 1万 5000円、町家の女性 7000円、かむろ 5000円。材料によって値段の前後あり。注文制作のため、納期などについては問い合わせを。希望のデザインなど応相談。

# 豊漁の祝い着がモチーフ

地方色豊かな土鈴が静かなブームを呼んでいる。その一つに、房総半島が発祥の地とされる「万祝《まいわい》」を題材にしたユニークな土鈴があり、名を「万祝土鈴」という。

万祝とは、豊漁を祝って網元や船主らが、漁師たちに贈る祝い着のこと。紺地に船の名前や紋、裾《すそ》に縁起物の絵が染められている。

この万祝土鈴は、背後の模様が見えるように、すべて後ろ姿を見せている。「万祝・半天土鈴」＝写真手前＝は、裾に波と大漁の文字、そしてカニ、「万祝・長着土鈴」＝写真右＝は裾に、竜宮城を背に浦島太郎と乙姫が描かれている。いずれも鶴と船主の紋がある。「万祝・人形土鈴」＝写真奥＝は、頭にはちまきを巻き、肩に綱をまわした漁師の立ち姿。裾には朝日と波、大漁の「大」の文字が見え、周りに捕鯨船が見える。

この他に、大漁旗や小湊誕生寺の願満の鯛張り子、御宿月の砂漠歌詞碑、四街道旧駅舎などを題材にした、千葉県ならではの土鈴が種々ある。また、最近の作品「昭和レトロシリーズ」では、キャラメル、マッチ、たばこなどの箱をテーマにした土鈴作りも始まっている。

これらの土鈴を作っているのは、千葉・四街道の関口忠一さん。土鈴の収集家であったが、地元千葉には観光土鈴が少ないと考えて会社社長を退任し、土鈴の制作に乗り出した。それから10年余りがたち、今では80種を数える。

## 万祝土鈴（千葉県四街道市）

◆手造り房総土鈴工房
四街道市大日494-5（四街道駅から大日中央行バス、千葉県盲学校前下車、☎043-423-3877、http://WWW.catv296.ne.jp/~tutinosu)。万祝半天（大）2000円、（小）1000円。万祝長着1000〜3000円。万祝人形2000円。他の種類や在庫、注文は問い合わせを。

# 女装した担ぎ手の土人形

昔、甲府市北部の渓谷・御岳昇仙峡《みたけしょうせんきょう》近くの金桜神社の参道で、縁起物の小さな土鈴が売られていた。「虫切の鈴」と言い、五つの土鈴が一本の糸でつながっている。子どもがこれを下げて遊んでいる間に、糸が切れて鈴が飛び散ると「疳《かん》の虫が切れた」と喜ばれた。

この土鈴は、いまも甲州の郷土玩具として珍重されている。土鈴は直径2チセン足らずの金色の球形で、下部には大きな鈴口がある。上部の穴に紅白の木綿糸を通して、5個の土鈴がつながれている。「虫切の鈴」と書かれた色紙がつく。

もう一つは、この地に縁のある土人形「おみゆきさん」。4月15日に開かれる、笛吹市一宮町の浅間神社の祭礼「大神幸祭《おおみゆき》」で、みこしが釜無川の信玄堤までの約20キロを往復する。このみこしの担ぎ手やお供をする若者たちが女装して参加する。大神幸祭がなまって、親しみをこめて「おみゆきさん」と呼ばれている。

この土人形は、豆絞りの手ぬぐいではちまきをし、面をつけたような白い顔。桃色の長じゅばんを着て、黄色い傘をさす。これは、祭神の木花開耶姫命《このはなさくやひめのみこと》の姿を現しているそうで、釜無川のはんらんに悩む農村救済のための水防祭「御川除《おかわよけ》」で、農民を引き連れて、堤を築きはんらんを防いだという故事による。

これらの玩具の制作者は、甲府市の斉藤岳南さん2代目である。初代岳南は、戦前からの郷土玩具収集家であった。戦後、趣味が高じて甲府伝統の玩具を作り始めたが、数年前に亡くなり、現在長男である岳南さんが後を継いだ。

## 虫切の鈴とおみゆきさん（山梨県甲府市）

◆民芸工房　がくなん
甲府市池田2丁目3−27（甲府駅から東海高校行バス、東海高校前下車、☎055−252−7661）。虫切の鈴630円。おみゆきさん3675円は現在（2007年9月）在庫なし。制作再開、在庫等については2008年3月以降にお問い合わせを。

◆大神幸祭
4月15日、笛吹市一宮町一ノ宮1684の浅間神社（山梨市駅から車で10分、東京・新宿駅前高速バス乗り場から一宮・いさわ回り甲府行、一宮下車徒歩15分ぐらい、☎0553−47−0900）。前8時20分ごろ神輿（みこし）が出発する。

# あとがき

この「ふる里おもちゃ箱」は、平成18年4月から19年3月までの一年間、朝日新聞関東版（東京都、茨城、栃木、群馬、埼玉、神奈川、千葉、山梨、静岡の各県）のマリオンの頁に連載したものです。したがって掲載しましたおもちゃの産地も、関東版を読まれる一都八県で作られているものに限定いたしました。

また、タイトルを郷土玩具とせずに「おもちゃ」としたのも、今回取り上げた作品の中に、作り始められた年月が浅く、郷土玩具と呼ぶには未だ若いものが含まれていたためです。将来は郷土玩具の仲間として活躍されることを期待して書きました。

また、なかには歴史ある郷土玩具でありながら、連載期間内に発表できなかった作品がいくつかありました。たとえば、東京の「犬張り子」「江戸姉様」栃木の「日光茶道具」「きびがら細工」埼玉の「鴻巣の練り物人形」静岡の「いちろんさんの首人形」「浜松張り子」などがありました。

実をいうと、これらの中には原稿を既に書きましたが、新聞社の都合で休刊になったり、掲載予定の前に作者が亡くなり、やむなく発表を見送ったものもありました。いろいろな事情で発表出来なかったおもちゃもありましたことをお詫びいたします。

十年ひと昔といいますが、拙著『全国郷土玩具ガイド』を出版してからもうひと昔が過ぎ、その世界もかなり変わりました。今回執筆にあたり、久し振りに沢山の郷土玩具作者にお目にかかりました。ご高齢ながら今なお作り続けている方、また、息子や弟子に代替わりされた作者も沢山ありました。残念ながら後継ぎのないまま廃絶したものもありました。一方、趣味が高じて定年退職後はおもちゃ作りに没頭、遂に第二の人生の職業になった方もあります。それ等の方たちにお目にかかるのも、私には楽しいひと時でした。私だけでなく、そんな楽しいおもちゃの出合いを、この本を通じて多くの人に楽しんで頂ければ幸せです。

最後に、本文執筆にあたり、沢山のおもちゃ作者にご協力を頂き御礼申し上げます。

また、朝日新聞マリオン編集部デスク岩田知久氏には、出版にあたり格別のご配慮を賜りました。㈱オクターブの社長光本稔氏、編集を担当してくださった大嶋晶代さんにも大変お世話になりました。厚く御礼申し上げます。

２００７年10月　畑野栄三

初出・朝日新聞東京マリオン　２００６年４月１日〜２００７年３月24日

## 畑野栄三（はたのえいぞう）

1930 年京都市生まれ。元テレビ朝日プロデューサー。昭和 25 年ごろより郷土玩具に魅せられ、各地の郷土玩具の収集、調査を始める。収集した膨大な郷土玩具を寄贈し、群馬県上野村と共同で郷土玩具館を設立。その館長や全日本だるま研究会顧問を務めるかたわら、新聞・雑誌などに郷土玩具について執筆。主な所属団体は日本人形玩具学会（幹事）、日本郷土玩具友の会、日本雪だるまの会、郷土玩具文化研究会ほか。
著書に『全国郷土玩具ガイド』全 4 巻（オクターブ）、『日本の民芸　きじうま聞書』（三一書房）、『子ども文化の原像』（共著、日本放送協会）、『おもちゃえばなし』全 9 巻、『京の豆人形』上・下、『ふくとく』（私家版）などがある。

住所：東京都調布市深大寺元町 4-31-1
＊郷土玩具に関する情報等がございましたら、
お寄せください。

全国郷土玩具館
〒 370-1617
群馬県多野郡上野村大字楢原字砥根平 309-1
電　話：0274-20-7070
ＦＡＸ：0274-20-7071

# ふる里おもちゃ箱
—懐かしき郷土の玩具を訪ねて—

2007 年 11 月 20 日　初版発行

著　者　畑野栄三

発行人　光本　稔

発行所　株式会社 **オクターブ**
東京都文京区小石川 2-23-12
電　話：03-3815-8312
ＦＡＸ：03-5842-5197

装幀・デザイン：(有) ジェイアイアルテ
写真：栗原　諭　ほか
編集：編集工房キャパ　大嶋晶代

印刷・製本：株式会社　シナノ


ISBN 978-4-89231-056-0

## オクターブの本

# 全国郷土玩具ガイド

全国郷土玩具館 館長　畑野栄三 著

—全4巻—

【1】北海道・東北・信越・北陸篇
ニポポ（北海道）こけし（宮城）チャグチャグ馬（岩手）赤べこ（福島）他

【2】関東・東海篇
犬張子（東京）ふくべ細工（栃木）だるま（群馬）からくり人形（岐阜）他

【3】近畿・中国篇
伏見人形（京都）一刀彫（奈良）祝い凧（島根）金魚提灯（山口）他

【4】四国・九州篇
坊さんかんざし（高知）博多人形（福岡）ウンスンかるた（熊本）他

温泉地やレジャー、スポーツにと賑わう観光地にも、郷土の香りと伝統を残した玩具が、ひっそりと作られています。あの街角をもうひとつ曲がればよかったと思う前に、ぜひ読んで頂きたい本です！　日本中に知られている郷土玩具から、郷土固有の珍しいものまで、カラー写真と図版をふんだんに掲載した、超・定番ロングセラーシリーズ。

四六判変型　並製　①234頁　②270頁　③280頁　④288頁
カラー各巻70頁前後　税込価格　各2、039円

①ISBN4-89231-015-8

②ISBN4-89231--016-6

③ISBN4-89231-017-4

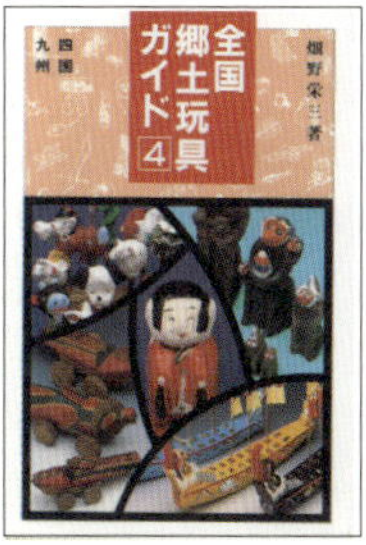


④ISBN4-89231-018-2

# オクターブの本

★日本図書館協会　選定図書

## ブルーノ・タウト
## 桂離宮とユートピア建築

日本の現代建築の始まりは、タウトの桂離宮評価であった。
――磯崎新（建築家）

訳◎マンフレド・シュパイデル
編集◎ワタリウム美術館

A4変型判/上製/
192頁（カラー80頁）
税込価格4,800円
ISBN978-4-89231-054-6

★世界の名幼稚園の保育法を紹介

## ベストキンダーガーデン

～フレーベル、モンテッソーリ、シュタイナー、レジオ・エミリア、ニキーチン、ピラミッドメソッドの幼児教育の現場に学ぶ～

辻井　正◎著
（辻井こども総合研究所所長、社会学博士）

A5判変型/並製/
176頁（カラー72頁）
税込価格2,940円
ISBN4-89231-045-X

---

★全国学校図書館協議会　選定図書

みる・しる・しらべるコレクション

## 雪舟筆牧牛図

雪舟の絵を見る前に、雪舟の名前を知っていることで、その絵をわかったつもりになっていないだろうか。中学生のようなまっさらな目で本書を手にとって、この雪舟の「牧牛図」を鑑賞していただければ幸いである。
――山下裕二（美術史家）

編著◎
山口県立美術館
監修◎
高橋範子
（正木美術館・
雪舟研究会）

A4判/並製/オールカラー
フランス表紙　80頁
税込価格1,575円
ISBN978-4-89231-044-7

★蒙昧なる熊野に大宇宙を見る

## 南方熊楠の森

新しい視角からの論考と豊富な図版資料で、未完の巨人・南方熊楠の実像を読み解く。南方マンダラの原点ともいえる「絵曼陀羅」を含む新発見の書簡、データベースと映像資料のCD―ROMも収録。

編◎松居竜五・岩崎　仁

A５判変型/並製/CD-ROM付
216頁（カラー48頁）
税込価格3,000円
ISBN978-4-89480-030-6